地名で語る「日本の歴史」授業

高橋茂樹 著

黎明書房

はじめに

皆さん、こんにちは。本書は前著『名言で語る「日本の歴史」授業』の続編、第二弾として執筆したものです。まずは、皆さんと出会えたこと大変に嬉しく思います。

本書は、筆者が中学校社会科の一教員として教壇に立ち、実践してきた授業内容をベースに書き進めたもので、大人の皆さんを対象に「架空の授業」をお届けしようと思い執筆しました。

本書のねらいの一つは、地名と歴史を絡めたことで皆さんに地名と歴史に興味を持っていただき、より歴史の楽しさを味わっていただくことにあります。私たちが居住する土地には必ず地名があります。地名は新旧様々ですが、その土地の「生き証人」であり歴史そのものです。

ただ、本書で取り上げる地名の多くは、単に面白地名や雑学地名ではなく、「中央の歴史の流れ」と何らかの関わりのあるものを意図的に取り上げています。おそらく、皆さんが初めて目にする地名もあるとは思いますがその辺りもご了承ください。

もし、皆さんが本書を通し地名に興味を持たれたら、それはそれで素晴らしく、地名を調べて行くと新たな発見があるかもしれません。本書を通して皆さんが、その地名の由来を知り、そこから歴史に興味を抱いていただけたら……、それが筆者の心からの願いです。

それでは、本書一読後、皆さんと再びお会いしましょう。

令和三年四月一日

著者

目次

第一章

原始
―縄文時代・弥生時代

1 大森

現在の東京都大田区の北東部に、かつて「大森《おおもり》町《ちょう》」という町がありました。現在は、大森の二字の下に「東・西・南・北・中・本町」の字をプラスし、六つの町に分かれています。

この大森の名を日本の考古学史上に残した遺跡こそが「大森貝塚」です。

この貝塚遺跡は大田区とお隣の品川区にまたがっており、現在は、大森貝塚遺跡庭園（品川区大井）として整備されています。

この貝塚を日本で初めて学生と共に学術的に発掘した人物が、米国の生物学者エドワード・シルベスター・モースです。彼は明治の初め日本政府に雇われ来日したお雇い外国人の一人で、現在の東京大学で教鞭をとっていました。

大森貝塚発見の発端は、彼が日本の鉄道開業間《ま》もない一八七七年（明治一〇）、汽車で東京から横浜に移動中、品川付近で車窓の風景に偶然、貝が重なり合っている地層を発見したことです。

後日、モースは学生らと発掘調査を実施し、貝塚であることを確認しました。その調査のおり、起点となったのが大田区の「大森駅」だったことから、貝塚名は「大森貝塚」と名付けられました。

大森貝塚遺跡庭園には「大森貝塚碑」や、モースの銅像が建てられています。

さて、そのモースの発掘調査のおりに、遺跡から土器が出土。彼は、この土器を初めて目にした時、土器表面の縄目の文様に注目しました。

その後の発掘調査報告書の中で、この土器を「cord marked pottery」と表現しました。

この英文の報告書を見た日本人が、この言葉を「縄の印のついた焼物」と和訳。これが、「縄の文様の土器」→「縄文土器」に落ち着き、現在に至ったということです。その点でこのモースこそが、「縄文土器」の名付け親と呼んでもよいでしょう。

日本の歴史の「時代区分」の名称は、次のようになされています。
・縄文時代・弥生時代…「土器」に関連
・古墳時代…墳墓に関連
・飛鳥時代～江戸時代…政治の中心地に関連
・明治・大正・昭和時代…元号に関連
「縄文時代」の時代名の由来は、「縄文土器」が使われた時代からきているということです。

その意味で、大森貝塚は「縄文土器」の発見と共に、日本の「古代史研究の出発点」とも言うべき、記念碑的縄文時代の遺跡です。

さて、ここで皆さんに注目していただきたいのは、縄文時代の代表的遺物と言えば「土器」ですが、代表的遺跡と言えば「貝塚」の存在です。

貝塚とは、古代人が人為的に捨てた貝殻が層をなし堆積した遺跡です。

大森貝塚は、今から約三〇〇〇年前の縄文後期に形成された遺跡です。同遺跡からの出土品としては、モースらの発掘した貝殻、土器、土偶《どぐう》、石斧《せきふ》、石鏃《せきぞく》、シカ・クジラの骨片、人骨片等々があります。これらはすべて国の重要文化財に指定されており、現在は東京大学が保管しています。

同遺跡の一九九三年（平成五）の発掘調査では、土器の他、シカの角製の釣り針、貝製の腕輪などが出土。また、クロダイ、スズキ等の魚骨、野ウサギ、イノシシ等の獣骨、ハマグリ、アサリ等の貝類などが多数発見。住居跡六戸も発掘されました。

このように貝塚は一見、「ゴミ捨て場」・「廃棄物集積所」的な観がしないでもありません。

しかし、時には人骨も埋葬されており、生命の再生を祈る精神的な何かを感じさせられ、単純に「ゴミ捨て場」と言い難いものもあります。

ともかく貝塚は、当時の自然環境や食生活、生業を知る重要な手がかりにもなります。その意味で貝塚は縄文人が現代の私たちに残してくれた貴重な「タイムカプセル」とも言えます。

豆知識　「貝塚」という地名が語るもの

現在、「貝塚」と名称が付く地名が、全国に北は北海道釧路市から、南は北九州の福岡市まで、トータルで三〇ヵ所も存在します。中でも大阪府の貝塚市はよく知られているところです。

同市の貝塚という名称ですが、元々は「海塚」でした。ただし、一六世紀後半の古文書では「貝塚」という文字も使われていたとのことです。

同市ホームページによると市内で貝塚発見の記録はないそうで、地名の由来は不明とのことです。

では、残り二九ヵ所の地名はどうでしょうか。なんとそのほとんどに貝塚が存在し、地名は、貝塚遺跡にちなんで命名されたと言えます。

さらに、この二九ヵ所が存在する県名を調べてみますと、三分の一が千葉県に集中しています。

現在、全国には縄文時代の貝塚が約二七〇〇以上あると言われますが、この内、千葉県内には、約七七〇ヵ所存在しています（国内の約三割）。地名「貝塚」の集中度と実際の遺跡数が偶然にもほぼ一致しているのです。

千葉県になぜこれほど貝塚が集中するのでしょうか。それは、当時この地が貝塚形成にふさわしい自然環境にあったからと言えます。

東京湾に流入する大河川から流れ出た栄養分を含んだ大量の土砂が、千葉県沖に堆積し広大な干潟を形成したことがその要因と考えられます。

縄文時代早期～前期（約七〇〇〇年前～六〇〇〇年前）は、現在より気候が温暖で、当時の海水面は現在より約二ｍ～五ｍも高かったのです（縄文海進）。

貝塚は時には内陸部に形成されている場合もあります。しかし、採取した貝をわざわざ内陸部に持ち込み捨てるわけはなく、現在貝塚が存在する場所が、当時の海岸線にあたると推定されます。

その関係で、同時期の貝塚遺跡をつなげれば、当時の海岸線が浮かび上がります。

豆知識　夏島

「夏島《なつしま》」は神奈川県横須賀市夏島町にあったかつての島名です。大正の初めまで横須賀港に浮かぶ小島でしたが、旧日本海軍の要塞の埋め立て工事により、三浦半島と陸続きになり、現在に至ります。

この島に貝塚があることは知られていましたが、戦前は旧日本海軍の基地内であったため、学術的発掘調査は全く手付かずのままでした。

戦後、一九五〇年（昭和二五）と一九五五年（昭和三〇）の二回にわたり、貝塚の本格的発掘調査が実施されました（夏島貝塚）。

貝塚の層は厚さ一・五m程でしたが、六つに分かれた層のいずれからも縄文土器が出土。石器（石鏃・石斧・石皿）や骨角器（尖頭器《せんとうき》）、シカの角製の釣り針、貝製の腕輪、その他貝類はもちろん魚骨・シカやイノシシなどの獣骨も多数出土しました。

これらの出土品で特に注目されたのは、土器です。

貝塚最深部発掘の木炭や貝殻は、米国のミシガン大学に送られることになり、当時最新鋭の放射性炭素年代測定器で計測（日本初の適用例）。

その結果の数値は驚くべきもので、約九五〇〇年前の値を示しました。当時、日本最古の土器は、五〇〇〇年前のものというのが常識でした。

縄文時代の開始を、縄文土器の出現とするなら夏島貝塚の出土の土器は縄文時代を四五〇〇年も遡《さかのぼ》らせたわけで、世紀の大発見となりました。

現在、縄文時代は草創期・早期・前期・中期・後期・晩期の六期に区分されています。夏島貝塚の出土土器は、この区分の「早期」に当たります。

なぜ、一番古い「草創期」ではないのか。それは、現在、夏島貝塚の出土土器の年代を遙かに遡る土器が出土しているからです（例　青森県大平山元《おおだいやまもと》遺跡では一万六五〇〇年前の土器が出土）。

夏島の地名由来は、「周辺に降雪があっても島に雪は積もらないから」という説があります。

豆知識　入海

「入海《いりうみ》」とは「陸地に入り込んだ海」という意味です。愛知県知多郡東浦町緒川《おがわ》の入海《いりみ》神社境内に所在するのが入海貝塚です。当貝塚は衣浦湾《きぬうら》に注ぐ境川右岸の標高約一二mの台地上に位置します。

台地上から見る景色は正に約七〇〇〇年前の縄文時代早期～前期、入海貝塚形成当時の「入海」の自然環境を彷彿させるものがあります。

当貝塚は一九四一年（昭和一六）の発掘以来、四回の調査が行われ、その貴重さ故に一九五三年（昭和二八）、国の指定史跡に認定されました。

当貝塚の大きな特色は、地表に貝塚の貝殻が野ざらし状態にあることです。貝塚の組成貝類はハイガイが約七五％、マガキ約一五％、その他です。

現在、ハイガイは日本列島では瀬戸内海以西に生息。貝塚のハイガイは、やや大粒という点も含めると、入海貝塚形成期の海水温が現在より高かったことをうかがわせます（縄文海進の時期）。

貝塚の出土品は、土器・石鏃・貝製の腕輪・獣骨・シカの角製の加工品・土偶・黒曜石の塊などです。

注目は土器の形です。底部の先端が砲弾のように尖《とが》った「尖底土器《せんてい》」と言われるもので、縄文時代早期の土器の特徴をよく表しています。

入海式土器と命名され、現在、東海地方の縄文早期の土器の標式の一つとなっています。

底部の尖った土器は、どう見ても安定性に欠け、どのように使用したのか謎でした。ところが、前頁で紹介した夏島貝塚では礫《れき》を敷いた炉の中に尖底土器が刺さったままの状態で発見されたのです。

他の遺跡からも同様な状態の土器が発見されたことから、尖底土器は煮沸に用いられたことが証明されました。おそらく、入海貝塚の縄文人たちも貝やドングリをこの土器で煮炊きしたことでしょう。

やがて早期～前期、さらに中期になると、尖底土器は姿を消し、平底土器へと変遷していきます。

豆知識　加曽利

千葉県内には全国の約三割（約七七〇ヵ所）の貝塚が存在し、内、約一二〇ヵ所が千葉市内に集中しています。その代表格が「加曽利《かそり》貝塚」です。

当貝塚は国の特別史跡に指定されており、その所在地は千葉市若葉区桜木にあります。

縄文人がこの地に定住するようになったのは今から約七〇〇〇年前のこと。縄文時代前期に当たり、気候は温暖で、海水面は現在より最大約五m程度高かったと推定されています（縄文海進）。

当貝塚は現在の海岸線から直線距離で約五・八km離れており、海抜約三〇mの台地上にあります。しかし、おそらくこの当時は、この台地のきわ付近にまで海水が入り込んでいたことが推定されます。

当貝塚が形成され始めたのは今から約五〇〇〇年前（縄文中期）のこと。直径約一四〇mの環状貝塚がまず形成されました（北貝塚）。この貝塚に継続し、形成されたのが南貝塚です。約三〇〇〇年前（縄文後期）まで使用されました。貝塚は、直径約一九〇mの馬蹄形《ばていけい》に形成されています。

南北貝塚は連結し「8字」状になっているのが特徴で、全国的に見ても最大級の遺跡です。この貝塚の周辺には住居跡も多数散在しています。

この地に人が居住し始めたのが約七〇〇〇年前。約三〇〇〇年前まで貝塚が使われていたわけで、かなり長期間、縄文人が住み続けたことになります。

当時は自然に左右される狩猟採集の時代です。この地に、それだけ長く継続して住み続けることを可能にしたのは、この地の自然の恵みです。山海の幸がいかに豊かであったかを物語ります。

貝塚名の「加曽利」の由来ですが、古墳時代、百済《くだら》国王加須利君《かすりのきし》は弟軍君《こにきし》を雄略天皇に仕えさせました（『日本書紀』）。その封地名から加須利、それが加曽利になったとする説。また「糟瓜《かすうり》」という地名が加曽利となったという説もあります。

豆知識　尖石

八ヶ岳西山麓の標高約一〇〇〇ｍ余の台地上に、縄文時代中期の集落遺跡「尖石遺跡《とがりいしいせき》」があります。所在地は長野県茅野市豊平南大塩です。

遺跡名の「尖石」ですが、この遺跡内に尖石と呼ばれる古くから知られる三角錐状の石があり、これが当遺跡名の由来となっています。

当遺跡は、一九四〇年（昭和一五）、地元の研究家が独力で発掘を開始し、竪穴住居跡三〇余を発掘。土器・石器・土偶など多量に出土。日本における「原始集落研究の出発点」となりました。

その後、学術的な重要度から一九五二年（昭和二七）に国の特別史跡に指定。一九九三年（平成五）、追加で特別史跡に指定された隣接の与助尾根《よすけおね》一帯を含めると、住居跡は約二二〇軒も確認。八ヶ岳山麓最大級の集落遺跡であることが判明しました。

集落遺跡の規模そのものもですが、尖石遺跡で筆者が特に注目したいのが、出土した土器と土偶です。

縄文時代は縄文土器の形や文様の特徴から六期に区分されますが、その中の中期は約五〇〇〇年前～四〇〇〇年前に当たります。中期に入ると、土器の形はほぼ平底で、模様や装飾はかなり豊かになり、かつ立体的になっていきます。

特に土器の口の部分は、前期のシンプルさに比べ、中期のものは突起や粘土紐による装飾の華やかさが増していきます。中には燃え上がる炎を象《かたど》ったかのような形状の火焔土器まで登場します。こうした中期土器の特色を尖石遺跡出土の土器の多くが、ほぼ兼ね備えています。

土偶については、その使用目的は謎とされていますが、共通点は女性を表現したものが圧倒的に多いことです。尖石遺跡出土の土偶の中でも、特に二体は神秘的で、「縄文のビーナス」「仮面の女神」として、国宝に指定されています。

豆知識　三内丸山

この地名は、青森県青森市大字三内字丸山にあります。「三内丸山《さんないまるやま》」を全国的に有名にしたのは縄文時代前期から中期にかけ（約五九〇〇年前～四二〇〇年前）構築された、大規模な集落遺跡「三内丸山遺跡」の存在です。

同遺跡は江戸時代の文献にも記録されています。一九九二年（平成四）、県運動公園整備に伴う事前発掘を実施。その後、遺跡の重要性が認識され、計画は変更され遺跡は保存されることになりました。

遺跡からは、多数の竪穴住居・掘立柱建物群・巨大木柱・墓地跡・貯蔵穴・ゴミ捨て場や道路跡などの計画的に整備された遺構が出土。これらの遺構から、村では最大時五〇〇人程度の人口を擁した可能性を指摘する研究者もいます。

また、大量の発掘物には土器・土偶・石器・木器・骨角器・装身具・朱漆《しゅうるし》。中には他地域から運ばれたヒスイ・メノウ・アスファルト・黒曜石も。食用とした獣・魚の骨、瓢箪《ひょうたん》・ゴボウ・マメなどの栽培植物も出土しています。さらに栗の栽培も明らかにされました（DNA分析結果）。

ともかく、遺跡規模・遺物量・長期の定住生活（約一五〇〇年間）・計画的土地利用・建築技術の高さ・食用植物栽培・広域他地域交流等々、どれをとっても、これまでの縄文時代のイメージを大きく覆す遺跡であることは違いありません。

自然と共生する縄文人の姿が浮かび上がる貴重な遺跡、それが三内丸山遺跡です。二〇〇〇年（平成一二）、国の特別史跡に指定されました。

地名としての三内丸山の大字名「三内」の語源ですが、アイヌ語の「サン（流れる）」＋「ナイ（川）」が由来という説があります。

全国的に「サンナイ」を含む地名は、北海道・東北地方で一八件（秋田一四・岩手二・青森一・北海道一）、関東二件、奈良で一件です。

豆知識　縄文時代の地名とアイヌ語

地名は「言葉の化石」という言葉があるぐらい、地名と言葉は密接な関係にあります。

考古学的に縄文時代の遺跡名は、遺跡付近の地名をとって名付けることが一般的です。当然ですが、縄文遺跡名と縄文人の言語とは全く別物です。

しかし、私たちが現在、縄文時代の地名を探ろうにも縄文人の言葉が残されていない以上、探ることはほぼ不可能です。

ところが、その不可能に「希望の光」が投げかけられてきています。それが、近年目覚ましい発展を見せているゲノム（遺伝子情報）研究です。

世界の各民族には、その民族固有の言語があり、その民族が住む地域の地名は当然、その民族の言語で構成されています。

例えば、北海道の地名の多くはアイヌ語の痕跡が残されていることは誰もが知るところです。

近年のゲノム研究によりますと、本州人（サンプルは東京）は縄文人のゲノムを約一〇％受け継ぐ一方、アイヌの人々はこれが約七〇％、沖縄県の人で約三〇％という結果が出されました。

日本人のルーツは縄文人であることは間違いのないことです。このデータでいくと、縄文人のゲノムを一番色濃く受け継いでいるのはアイヌの人々であるということです。もちろん、アイヌの人々＝縄文人ではありません。

古代、アイヌの人々は日本各地に住んでいました。北海道からも多くの縄文土器や遺跡が出土しています。アイヌ語地名が本州（特に東北地方）に残されていると指摘する研究者もいます。もちろん、アイヌ語地名＝縄文語地名でもありません。

ただ、ゲノム研究と合わせ、考古学・言語学からの総合的アプローチが、今後の縄文時代の地名という「言葉の化石」の発掘につながっていくことは確かですし、筆者は期待しています。

豆知識　亀ヶ岡

青森県津軽半島の西側付根の辺りに、つがる市木造《きづくり》亀ヶ岡《かめがおか》という地名があります。この地名を全国的に有名にしたのは、縄文時代晩期の集落遺跡亀ヶ岡遺跡です（約三〇〇〇年前～二三〇〇年前）。この「亀ヶ岡」の古地名は「瓶ヶ岡」だそうで、遺跡の存在を匂わせるような地名です。

本遺跡の発見は古く、江戸時代初頭の一六二二年（元和《げんな》八）にまで遡ります。当時、津軽藩主が当地に築城計画を立て、土木工事を開始。その時、壺や瓶、土偶などが大量に出土しました。

この時の様子が、当時の書物『永禄日記《えいろくにっき》』元和九年の条に書かれており、当地から「奇代の瀬戸物」を掘り出したとあります。その「奇代の瀬戸物」こそが、縄文土器であり土偶であったわけです。

その後の築城計画は幕府の一国一城令の影響もあり中止。遺跡破壊はこれにより免れました。

当地「亀ヶ岡」の地名の由来は、今、述べてきたように、瓶を含めた「奇代の瀬戸物」が大量に出土した土地であることによります。

当遺跡からは、大量の縄文晩期の土器・土偶・石器・木器・骨角器・精巧な漆器・ヒスイ製の玉類等々が発掘されました。国はこうした多量の出土品の散佚《さんいつ》を防ぐため、一九四四年（昭和一九）、当遺跡を国の史跡に指定しました。

当遺跡出土品の中でも、特に土器と土偶は、「卓越した芸術性」から、「縄文文化の究極」とも言われ、工芸的評価は極めて高いものがあります。

土器に関してはその模様に優れた美しさを備え、多様な器種を有する点に特徴があります（壺形・皿形・注口《ちゅうこう》形・香炉《こうろ》形等）。

土器は亀ヶ岡式土器と命名。東北地方を代表する縄文時代晩期の標式土器にもなっています。

土偶ですが、宇宙人を連想させる「遮光器《しゃこうき》土偶《どぐう》」は有名で、国の重要文化財に指定されています。

2 弥生

日本の時代区分では、縄文時代に次ぐ時代を、「弥生《やよい》時代」と呼びます。弥生時代の名前の由来は、「弥生土器が使われた時代」からきています。

縄文土器の名前が「土器の表面に縄目の文様が付けられていること」に由来しているなら、弥生土器の方はどうなのでしょうか。皆さんはもうおわかりですね。この土器が発見された地名からきています。

一八八四年（明治一七）、東京帝国大学（現東京大学）の学生だった有坂鉊蔵氏は大学の隣接地にあった貝塚（向ケ丘《むこうがおか》貝塚）で一個の壺を発見。

今は大学構内になっているその発見場所こそが、現在の東京都文京区弥生二丁目です（旧東京府本郷区向ヶ丘弥生町）。

翌日、同大学生坪井正五郎氏、白井光太郎氏と共に現地を確認。有坂氏から壺を預かった白井氏は、三年後の一八八七年（明治二〇）、学界にこの壺の存在を報告しました。

白井氏の報告が世に出たのは、前節「大森」で紹介した縄文土器の名付け親とも言えるモースが日本で初めて縄文時代の貝塚を発掘してからちょうど一〇年後の出来事です。

その後、この壺の名称が正式に活字になったのは、一九〇二年（明治三五）のこと。在野の研究者蒔田鎗次郎氏が論文で「弥生式土器」と名称を使用したのが初めての例と言われます。

それ以来、この壺の名称は学術用語として定着していくことになります。やがてこの弥生式の「式」が省かれて、現在の「弥生土器」という名称になったというわけです。

「弥生」というのはもちろん、土器が発見された「弥生町」にちなんで名付けられたものです。

元々この地は旧水戸藩の土地であったものを明治政府が接収し、向ヶ丘弥生町としました。弥生町の地名は、この水戸藩中屋敷にあった歌碑（藩主徳川斉昭《なりあき》が詠《よ》んだ桜の歌）の季節が、春三月（弥生）であったことに由来すると伝えられます。

さて、ここからが問題ですが、向ヶ丘貝塚で、最初にこの壺を発見した有坂氏始め白井氏・坪井氏らはこの壺の何に注目したかです。

この壺は、彼らがこれまで目にした縄文土器とは明らかに一線を画する、大きな「特色」を持っていたからに他なりません。

その特色とは、縄文土器と比較して色合いが明るく赤褐色であること、薄手で硬質であること、模様は幾何学模様といったところでしょうか。模様については、弥生土器には無紋のものもあります。

特にこの土器の特色で注目したい点は、薄手で硬質であるという点です。これは縄文土器より高温で焼成されたことを意味し、明らかに技術的レベルの高さを示す証拠でもあります。

こうして、時間と共に他の遺跡からもこの壺と同じような特色ある土器が次々に出土すると、この壺はしだいに注目されるようになります。

さらに研究が進むと、この土器が制作された時期が、縄文時代とは異質の新しい時代であることが明らかになりました。そこでこの時代を、「弥生時代」と呼ぶようになります。

弥生時代の特色は、大陸・朝鮮半島から新しい文化・技術がもたらされ、その影響を大きく受けたことが挙げられます（水稲耕作・農耕用石器・薄手で硬質な土器・金属器の制作技術と使用等）。

これらの文化は北九州に始まり、北海道を除く全国各地に広まっていきました。やがて、時代の後半には各地に有力な実力者が出現し、小国家が成立していきます。

『漢書《かんじょ》』地理誌、『後漢書《ごかんじょ》』東夷伝《とういでん》、『三国志』魏書東夷伝倭人条《ぎしょとういでんわじんのじょう》（『魏志倭人伝《ぎしわじんでん》』）に描かれた当時の「倭国」の姿がそれに該当します。

豆知識　菜　畑

この地名は、佐賀県唐津市にあります（奈良県生駒市にも菜畑を含む地名が四ヵ所あります）。唐津市「菜畑《なばたけ》」の地名を古代史の中で衝撃的に登場させたのは、「菜畑遺跡」の発見です。

当遺跡は一九八〇年（昭和五五）、都市計画道路建設の事前の発掘調査で発見されました（水田跡・住居跡・甕棺墓《かめかんぼ》・貝塚）。遺跡が特に注目されたのは水田跡が日本最古のものであったことです。一九八三年（昭和五八）に国の史跡として指定。

豊富な遺物も出土。大量の土器・大陸系の磨製石器・木製農具を始め、植物遺体（炭化米・大麦・アワ・ソバ・アズキ・ゴボウ・瓢箪《ひょうたん》・栗）や各種の動物遺体も。これら植物遺体からは、稲作と共に畑作も行われたことや、動物遺体の豚の下顎骨からは養豚の可能性も出てきました。

日本最古の水田跡と出土した土器ですが、調査の結果、縄文時代晩期の地層及び土器と確認されました（約二六〇〇年前〜約二五〇〇年前）。

これまでの通説では、「弥生時代の始まりを水稲耕作の開始」と定義。弥生時代は紀元前三〇〇年頃に始まり紀元三〇〇年頃までの六〇〇年間とされてきました（土器の編年や弥生前期の遺跡出土のイネの放射性炭素C_{14}年代測定法分析結果）。

ところが、菜畑遺跡の出現で、弥生時代の開始は一挙に二〇〇年も遡ることとなり（紀元前五世紀頃）、研究者の間に大きな衝撃が走りました。

さらに近年、他の遺跡での発掘調査や研究により、その開始は紀元前五世紀から五世紀も遡り、紀元前一〇世紀頃とする見解も（国立民俗博物館）。

縄文時代から弥生時代への時代の推移のキーワードは「稲作」「土器」です。しかし、その流れはゆるやかで、境目は不明瞭です。この点は今後の研究成果に期待するのみですが、古代史は大幅な見直しが迫られることだけは確かでしょう。

豆知識　登呂

「登呂《とろ》遺跡」は前節で紹介した、縄文時代の大森貝塚同様に、歴代の教科書で取り上げられてきた弥生時代を代表する重要な農村・水田遺跡です。

この遺跡の発見の契機は、一九四三年(昭和一八)、戦時下で軍需工場建設の際、大量の木製品や土器片が地中から出土したことです。

本格的な学術調査が開始されたのは、戦後間もない一九四七年(昭和二二)～一九五〇年(昭和二五)にかけてのこと。この調査は日本で初めて弥生時代の遺跡を科学的な方法を用いて検証・実証を行い、戦後日本考古学の出発の原点となりました。

発掘調査により住居跡一二棟・高床倉庫二棟・多数の木製農具・土器等の遺物が出土。中でも最大の発見は、当時、日本で初めて出現した水田跡の遺構です。この大発見以降、全国各地から水田跡の遺跡が次々と発見されるようになりました。

登呂遺跡は、一九五二年(昭和二七)に弥生時代遺跡として初めて、国の特別史跡に指定。当時の農業形態を知る上で、この遺跡は奈良県唐古《からこ》遺跡、佐賀県吉野ヶ里《よしのがり》遺跡と共に弥生時代を知る最重要な遺跡となっています。登呂遺跡の所在地は、静岡県静岡市駿河区登呂です。

ところで、そもそもこの遺跡の地名「登呂」の語源は何でしょうか。

地名の上での「トロ」は、「泥」に通じ、湿地を意味するとする説、あるいは川の流れが緩く淀んだところといった説もあります。いずれにせよ「トロ」は水が語源となっていることは共通です。

登呂遺跡はそばに安倍川が流れていることからも稲作の最良の立地条件にあったのは確かです。

漢字は異なりますが、土呂町という地名が埼玉県さいたま市北区にあります。この地も「見沼」という沼地が地名の由来だそうで、登呂と同様に水が語源という共通点は大変興味深い点です。

豆知識　志賀島

「志賀島《しかのしま》」は博多湾の北部に位置し、福岡県福岡市東区に所在します。ただ、「島」と言っても現在は海《うみ》の中道《なかみち》と陸続きです。

この島名を有名にしたのは一七八四年（天明四）、地元のお百姓さんが農作業中に偶然発見した「金印」です。この金印には「漢委奴国王《かんのわのなのこくおう》」と、五つの文字が刻まれていました。

これに関連して、中国の歴史書、『後漢書』東夷伝には次のような記述が残されています。

「建武中元《けんぶちゅうげん》二年、倭《わ》の奴《な》国、奉貢朝賀す。使人自ら大夫と称す。倭国の極南界なり。光武、賜うに印綬を以《もっ》てす」　※建武中元二年＝西暦五七年。

すなわち、漢の皇帝（光武）が倭国の中の一国（奴国）の国王に印綬を与えたという内容です。

志賀島で発見された金印は、この歴史書に記述された印として現在、認定されています。綬（首に印を下げる組み紐）は残っていません。

この金印は発見後、筑前黒田藩の代官所に届けられ、藩も金印の重要性を認識し、代々、大切に保存に努めてきました。一九五四年（昭和二九）、この金印は国宝に指定されました。

問題はこの金印がなぜ志賀島から出土したのかです。その出土状況も含めて、いまだ謎のままです。

金印の文字の中にあった倭国の「委」（＝倭）ですが、中国側が日本を呼んだ名前です。おそらく、当時の日本人は自分たちの国を「ワ」と発音し、中国側がこの漢字を当てはめたのでしょう。「倭」の意味するところは、「従順・低姿勢」です。

歴代の中国王朝の外交姿勢の基本は周囲の国を野蛮と見て、悪い漢字を当てるのが常識でした（中華思想）。ともかく、奴国王が中国歴代王朝に朝貢し、冊封体制に入ることで自己の威信と正当性を保持しようと努めた涙ぐましい姿勢が、この金印の文字からうかがえるというものです。

豆知識　邪馬台国

前頁で『漢委奴国王』の金印のお話をしましたが、実は時代が少し下った弥生時代の後半、もう一つの金印が日本に伝わったとされます。

その金印が、西暦二三九年（景初《けいしょ》三）、倭《わ》国の邪馬台国《やまたいこく》女王卑弥呼《ひみこ》が中国魏《ぎ》の皇帝に貢物を贈った返礼として授けられた『親魏倭王《しんぎわおう》』の印です。

この様子は「今汝《なんじ》を以《もっ》て親魏倭王と為《な》し、金印紫綬《しじゅ》を授ける」と、中国側の歴史書『三国志』の『魏志倭人伝』に記載されています。

この両者は中国側から授けられた金印としての共通点を持ちますが、受け取る側の立場に極めて大きな違いがあります。前者は倭国の中の一国の王。対する後者は「倭王」、すなわち倭国を代表する邪馬台国の女王に与えられたものです。

現代的にわかりやすく言えば前者が市長・町長レベルとすれば、後者は首相といったところです。

問題は、この「邪馬台国」がどこにあったのか？です。当時の日本には文字の記録は無いため唯一の頼りは中国側の『魏志倭人伝』のみです。

ところがこの資料、邪馬台国への旅程の記述が曖昧《あいまい》なため、その場所が特定できないという極めて大きな欠陥を内在しています。ここから派生するのが「邪馬台国論争」です（九州説×近畿説）。

では、なぜその場所の特定が重要なのか？です。それは、連合国家邪馬台国が、その後に出現する大和政権の成立と大きく関わってくるからです。

仮に邪馬台国が九州に存在したとすれば、その支配範囲は九州に限定されます。ところが、これを近畿とすれば、三世紀すでに邪馬台国は近畿〜九州にかけて、大勢力圏を支配下に治めていたことになります。そして、その延長上に大和政権の存在が浮かび上がってくるというわけです。

仮に『親魏倭王』の金印が発見されれば、その場所が邪馬台国の有力候補地であることは確かです。

豆知識　吉野ヶ里

邪馬台国論争は、『魏志倭人伝』の中に記述された邪馬台国の位置をめぐって江戸時代から争われてきたことです。特に有力視されるのが「九州説」と「近畿説」ですが、いまだ結論を見ていません。

そんな中、考古学の見地から「九州説」にとって、欠くことができないのが「吉野ヶ里《よしのがり》遺跡」です。

当遺跡は佐賀県神埼市と神埼郡吉野ヶ里町にまたがる弥生時代の大規模な環濠《かんごう》集落遺跡です。一九八六年（昭和六一）、工業団地予定地から発見された遺跡で、現在は国の特別史跡です。

当遺跡の最大の特徴は、集落防御のための遺構です。外壕《そとぼり》と内壕《うちぼり》の二重の環壕から成り立ち、外壕の総延長は約二・五㎞にも及び、約四〇ha《ヘクタール》もの土地を取り囲んでいました（日本最大規模）。

発掘調査の結果、確認された集落の防御態勢の遺構は、『魏志倭人伝』にある女王卑弥呼の居場所に関する「宮室《きゅうしつ》・楼観《ろうかん》・城柵《じょうさく》、厳《おごそ》かに設《もう》け」の記述そのものでした。『魏志倭人伝』ではさらにそれに付け加え、「つねに兵器をもった人々が、これを守備している」とあります。

また、多数の住居跡・高床倉庫跡・墳丘墓・甕《かめ》棺墓《かんぼ》が発掘され、銅剣・銅器・ガラス製管玉・土器・農具等々、様々な遺物が出土しています。

吉野ヶ里遺跡と邪馬台国そのものとの関連性は不明ですが、この遺跡が邪馬台国当時の都レベルの拠点集落であったことは確実に言えそうです。

「吉野ヶ里」の地名の由来ですが、奈良時代に班田収授《はんでんしゅうじゅ》を円滑に行うため、水田の区画を同じ大きさに揃えて管理した事業の名残です（条里《じょうり》制《せい》）。その基本区画は約六五〇ｍ四方ですが、さらにその中の一区画を「里《り》」と呼びました。

その里の区画ごとに「〇〇ヶ里」という名が付けられたそうで、それが「吉野ヶ里」という地名として現在にまで残ったというわけです。

豆知識　纏向

現在、邪馬台国の関連で最も注目を集めているのが奈良県桜井市の「纏向《まきむく》遺跡」です。遺跡名は旧纏向村の村名から命名されました。

当遺跡は奈良盆地東南部、三輪山《みわやま》の北西麓一帯の扇状地に広がる、弥生時代末期から古墳時代前期にかけての大規模な集落遺跡です。遺跡の規模は東南二km、南北一・五kmにも及びます。

遺跡の調査は一九七一年（昭和四六）に開始され、現在に至るまで一五〇回以上にわたり断続的に行われてきました。

調査区域があまりに広大なため、発掘済みの区域は全体の五%程度です。ともかく、三世紀の国内最大級の集落跡であることには違いなく、邪馬台国「近畿説」の最有力候補地となっています。

この遺跡の大きな特徴は、まず、出土した土器に、畿内以外の各地から運び込まれたものが異常に多いこと。これは、全国各地から人々がこの地に集まって来たことを示しています。しかも大集落の形成は三世紀初めに突如開始されており、また「農業を営まない集落」であることも特徴です。こうした点から、この地が当時の「首都的機能」を持っていたのではとの推理も成り立ちます。

二〇〇九年（平成二一）の調査で、三世紀前半の大型建造物三棟（掘立柱建造物）が東西に主軸を揃え一直線に並んだ状態で発見されました。この配置から巨大祭殿跡ではと考えられています。

またこの建物のそばからは大量の桃の種が発見。桃は古代神聖な果物であったことからも、この桃が祭祀《さいし》に使われた可能性も指摘されています。

当遺跡周辺には最古級の前方後円墳が点在し、中でも卑弥呼の墓という説もある「箸墓《はしはか》古墳」は、特に注目されています。

いずれにせよ纏向遺跡は邪馬台国及び大和政権成立との関連で、今、最も注目される遺跡です。

	原始の主な出来事
縄文時代	約 1 万 6500 年前　大平山元遺跡（日本最古の土器出土） 約 1 万 3000 年前～ 1 万 2000 年前　地球温暖化→海水面上昇→日本列島誕生 約 1 万 2000 年前　福井洞穴遺跡（旧石器時代終末期～縄文時代草創期の遺跡） 約 9500 年前　**夏島**貝塚形成（縄文時代早期の貝塚） 約 8000 年前　先苅《まずかり》貝塚（東海地方最古の貝塚） 約 7000 年前　**入海**貝塚（縄文時代早期～前期，入海式土器の標式遺跡・尖底土器） 約 5900 年前～ 4200 年前　**三内丸山**遺跡（縄文時代前期～中期，大規模集落遺跡） 約 5000 年前～　**加曽利**貝塚（縄文時代中期，日本で最大級の貝塚遺跡） 約 5000 年前　**尖石**遺跡（日本初の縄文時代集落研究が行われた集落遺跡，国宝の「縄文のビーナス」は有名） 約 3000 年前　**大森**貝塚（縄文時代後期，発掘が行われた日本考古学上最初の遺跡） 約 3000 年前　**亀ヶ岡**遺跡（縄文時代晩期，重要文化財の遮光器土偶で有名） 約 2600 年前～ 2500 年前頃　水稲耕作開始 **菜畑**遺跡（日本最古の水稲耕作遺跡） 板付《いたづけ》遺跡（日本最古の稲作集落遺跡）
弥生時代	以後，大陸から大規模な移民が日本列島に移住か？ 約 2300 年前～ 1800 年前　唐古《からこ》遺跡（環濠集落） 紀元前 1 世紀頃　『漢書』地理誌に当時の日本の様子が初めて紹介 「夫《そ》れ楽浪海中《らくろうかいちゅう》に倭人有《わじんあり》，分かれて百余国と為《な》す。歳時《さいじ》を以《もっ》て献見《けんけん》す」 紀元 1 世紀頃　**登呂**遺跡（日本初の水田遺跡の発掘。戦後日本考古学の出発点） 西暦 57 年　倭の奴国，後漢に朝貢。後漢の光武帝が『漢委奴国王』の金印を下賜（『後漢書』東夷伝）→ 江戸時代，博多湾**志賀島**で発見 西暦 147 年～ 188 年頃　倭国で大乱（『後漢書』東夷伝） 向ヶ丘《むこうがおか》貝塚（弥生時代後期の日本初の弥生土器の発見，**弥生町**） **吉野ヶ里**遺跡（弥生時代前期～後期，大規模環濠集落） 西暦 239 年　**邪馬台国**女王卑弥呼が魏の明帝に朝貢。魏の明帝は卑弥呼に親魏倭王の称号・金印・紫綬・銅鏡 100 枚を下賜（『魏志倭人伝』） 西暦 247 年？　女王卑弥呼の死（『魏志倭人伝』） **纒向**遺跡（弥生時代末期～古墳時代前期，邪馬台国候補地として全国的に著名な集落遺跡。当遺跡の南側部分に箸墓《はしはか》古墳）

第二章

――古代

古墳時代・飛鳥時代・奈良時代・平安時代

3 宝塚

弥生時代に次ぐ時代が、「古墳時代」です。時代の名称の由来は、「壮大な墳丘をもった墳墓」＝「古墳」が全国各地に造られたことからきています。

古墳は北海道・東北の北部・沖縄を除き全国各地に存在します。この古墳の分布と同様に「塚」が付く地名も全国に数多く存在します。

この「塚」を含む地名の中で、市・区レベルで古墳に直接関係する代表的な地名として、兵庫県宝塚《たからづか》市や神奈川県横浜市戸塚《とつか》区が挙げられます。

宝塚市は、宝塚歌劇団の本拠地、『歌劇の街』として全国的に有名ですが、宝塚の「塚」は文字通り、「古墳」を意味しています。

一七〇一年に編纂《へんさん》された地誌『摂陽群談《せつようぐんだん》』によると、宝塚について「この塚のそばで物を拾う者に必ず幸せあり。このことによって宝塚の名が付いたといわれている」と紹介されています。

ところが、市内には二〇〇以上の古墳が存在し、この「宝塚」と呼ばれた古墳に関しても諸説あり、場所が特定されていないのが現状のようです。

ともかく「幸福をもたらす土地として人々に語り伝えられ、宝塚の地名が生まれたと考えられています」（宝塚市ホームページ）。

他方、横浜市戸塚区ですが、こちらは富塚八幡宮の裏山にある富塚古墳と呼ばれる全長三二mの前方後円墳《ぜんぽうこうえんふん》が地名の由来となっています。

ちなみに、「塚」を含む地名を、全国の町・字レベルで調べてみると、一〇〇〇件近くもあります。数が膨大なので、筆者が在住する愛知県に的を絞ると、該当するものが八十数件ありました。

しかし、この「塚」が付く地名のすべてが古墳に関係するわけではありません。不明のものを除けば、交通関係（一里塚等）や山岳信仰（富士講↓富士塚・藤塚）、墓標に関するものも存在します。

愛知県内で直接古墳に関係する地名としては

「大塚」が最も多く、青塚・赤塚・岩塚・明塚・釜塚・桝塚・丸塚と続きます。また、富士講の塚と共通呼称の藤塚・富士塚もあります。

この愛知県内の塚地名で筆者が注目するのが、犬山市楽田青塚《がくでんあおつか》で、その由来が青塚古墳です。

青塚古墳はその規模で見ると、名古屋市熱田区に所在する「断夫山《だんぷさん》古墳」に次ぐ県内で二番目の規模を誇る古墳です。

全長一二三m、前方部の幅は六二m、後円部の直径は七八mあります。後円部の高さが一二mの大型の古墳です。この青塚古墳で注目したい点は、その規模と「前方後円墳」という墳形です。

まず規模ですが、青塚古墳のような全長一〇〇m以上の古墳は、全国に約二〇〇基存在します。

古墳の大きさが人々を動員する力の大きさならば、それはその地に大きな権力を持つ首長を中心とした政治集団が存在したことを意味します。

また、その規模の中でも特に注目したいのが、古墳の高さです（立体として捉える視点）。

青塚古墳の場合、後円部の高さは約一二mで、建造物で言えば、四階建てに相当します。

ここから、土砂の確保・運搬・土砂崩れ防止という問題解決のための設計・基礎工事段階での技術力の高さが見えてくるからです。

次に墳形ですが古墳の基本は円墳と方墳です。この二つの基本形の組み合わせから、様々な種類の古墳の形が造営されました。その中で注目したいのが前方後円墳です。青塚古墳を含め大型古墳と言われる古墳の多くがこの墳形です。

前方後円墳は、「一定ルールに従った設計の形で統一」されており、地域的には大和・河内に集中的に造営されました。その後、九州さらに関東・東北へと広がりを見せていきました。

この全国的な前方後円墳の広がりこそが、大和政権の勢力の拡大の反映と考えられており、地方有力者と中央との主従の関係性が強くうかがえます。

豆知識　古墳の呼称と地名

大阪府堺市の百舌鳥《もず》・古市《ふるいち》古墳群がユネスコの世界遺産に登録されたのは二〇一九年七月のことです。この古墳群の中でもひときわ目を引く古墳が「仁徳《にんとく》天皇陵古墳」です。

この古墳は天皇陵ですので、他の皇室の陵墓と同じように管轄は宮内庁にあります。宮内庁では、この陵墓の呼称を「仁徳天皇陵」と呼びます。

実はこの日本最大の陵墓の呼称についてですが、仁徳天皇陵を筆頭に、大山陵《だいせんりょう》・大仙陵・百舌鳥《もずの》耳原中陵《みみはらのなかのみささぎ》・中陵・大仙古墳・大山古墳、仁徳天皇陵古墳等々、様々に呼ばれています。

教科書でもこの古墳の呼称の扱いはここ三〇年で二転三転しており、学術用語としても、いまだ確定していないというのが現状です。

では、なぜこの古墳を始め、宮内庁が定める陵墓の呼称はこんなにも複数あるのでしょうか。

それは近年の考古学の学術的発達で、宮内庁が指定する陵墓名に該当する古墳とその古墳の被葬者との関係の信憑性《しんぴょうせい》が揺らいできているからです。

そもそも宮内庁の「〇〇天皇陵」という呼称は、『古事記』『日本書紀』の記載を基に書かれた平安時代の『延喜式《えんぎしき》』、及び、民間の伝承、幕末に江戸幕府が指定した呼称が基本になっています。

現在、「〇〇陵」となっている古墳は宮内庁の管轄で、研究者でも立ち入ることはほぼ不可能です。

通常、古墳の呼称は現地の地名、または古くからの地元での呼名となっている場合がほとんどです。これを仁徳陵に当てはめると、所在地が堺市堺区大仙町ですので大仙古墳や大山古墳となります。

『日本書紀』でこの古墳が百舌鳥耳原中陵となっているのは、当時の地名からきています。

仁徳天皇陵古墳という呼称は、宮内庁が定めた呼称「〇〇陵」と、考古学や文化財行政の呼称「〇〇古墳」を両立させた苦肉の策とも言えます。

豆知識　地名に由来する古代豪族名とは

三世紀中頃から、奈良盆地を中心に従来のものより格段に大きな墓＝前方後円墳が登場します。やがて四世紀～五世紀にかけ、この形態の古墳の造営は、各地に拡大していきました。

こうした大古墳の出現は、大和に有力な豪族が出現した証《あかし》です。では、この墳丘の形態・埋葬施設の構造・副葬品の組み合わせが画一的な古墳の、各地への拡大が物語るものは何でしょうか。

これは、この地を中心に、広域な首長連合が成立したことの反映と考えられており、この首長（豪族）の連合体を「大和政権（王権）」と呼びます。

この大和政権が各地に勢力拡大する中で、当然、地元勢力との衝突も考えられます。『古事記』・『日本書紀』が物語る、出雲の「国譲り」神話や「ヤマトタケルの東征」伝説は、そうした出来事を何らかの形で反映させたものと考えられます。

さて、この大和政権ですが、五世紀後半に入ると九州から関東までを勢力下に置き、王朝として充実した時期を迎えます。さらに五世紀から六世紀にかけて、「氏姓制度《しせいせいど》」や部民制を整備し、基盤を固めて地方の支配を強化していくことになります。

氏姓制度とは大和政権の豪族支配体制のこと。「氏《うじ》」は、基本は豪族の血縁グループの名称。

・本拠地の地名に由来する豪族の氏

中央有力豪族…葛城《かつらぎ》・巨勢《こせ》・蘇我《そが》・平群《へぐり》・春日《かすが》

地方有力豪族…筑紫《つくし》・吉備《きび》・出雲《いずも》・尾張《おわり》・毛野《けぬ》

渡来系豪族…秦《はた》・高麗《こま》・百済《くだら》・漢《あや》（母国名）

・役職に由来する氏名…大伴《おおとも》・物部《もののべ》・中臣《なかとみ》・土師《はじ》

「姓《かばね》」は、家柄・政権内の地位・役職に応じ、氏に与えられた称号（臣《おみ》・連《むらじ》・君《きみ》・直《あたえ》・造《みやつこ》・首《おびと》・史《ふひと》）。

・臣…大和出身の有力豪族＋特例で吉備・出雲も

・連…特定の職で奉仕→大伴・物部・中臣・土師

・君…地方の有力豪族の筑紫・尾張・毛野

・直…政権に服属した地方豪族

豆知識　焼津と木更津

『古事記』『日本書紀』によると、第一二代景行《けいこう》天皇にオウスという皇子《みこ》がいました。天皇は我が子ながら皇子の乱暴な振る舞いに恐れをなし、難題を与えては自分から遠ざけようとしました。

最初の難題が九州の熊襲《くまそ》一族の討伐です。この討伐成功後、オウスはヤマトタケルと名乗ります。

大和に帰還したヤマトタケルに、天皇は休む暇を与えず、今度は東国の平定を命じます。皇子は東征途中に立ち寄った伊勢神宮で、叔母ヤマトヒメを訪ね、自分の境遇を嘆き、悲しみを伝えます。

そんな皇子に叔母は神宮の神剣（天叢雲剣《あめのむらくものつるぎ》）と火打ち石入りの袋を与え、「危急の時にはこれを開けなさい」と話したと伝えられます。

相模（駿河か?）の国まで来た時のこと、ヤマトタケルは地元豪族の陰謀に遭い、野原で火に取り囲まれました。その時、叔母の言葉を思い出した皇子は袋を開け、中にあった火打ち石を取り出し、授かった神剣で周りの草をなぎ倒し草に火を付けます。火はまたたく間に逆方向の外に広がり、地元豪族を倒したとの伝承が。以来その地を「焼津《やいづ》」と言い、天叢雲剣は「草薙剣《くさなぎのつるぎ》」と名称を変えます（その剣名が現在、静岡市清水区草薙の地名に）。

走水《はしりみず》の海（浦賀水道）を航行中、海が大荒れで航海が危険に。その様子を見た皇子の妃弟橘媛《おとたちばなひめ》は、夫の航海の無事を祈り自ら海に身を投じます。

妃の入水で海神を鎮めた一行は、無事に上総《かずさ》（千葉）の海岸にたどり着きました。しかし亡くなった妃を思い、皇子は何日もその場を立ち去ることができなかったとのこと。以来、その地を「君去《きみさ》らず」→「木更津《きさらづ》」と呼び、地名になったとの伝承も。

また、東国征討の帰途、皇子は足柄峠《あしがらとうげ》で、再び亡くなった妃を偲《しの》び、三度も溜息をつき「ああ吾《あ》が妻《つま》よ」と呼びかけたとか。これが東国を「吾妻」＝「あずま」と呼ぶ由来になったとの伝承も。

豆知識　ＪＲ両毛線の名称の由来

「封国《ほうこく》は偏遠《へんえん》にして、藩を外に作《な》す。昔より祖《そ》禰《でい》躬《みずか》ら甲冑《かっちゅう》を擐《つらぬ》き、山川を跋渉《ばっしょう》して寧処《ねいしょ》に遑《いとま》あらず。東は毛人《もうじん》を征すること五十五国、西は衆《しゅう》夷《い》を服すること六十六国、渡りて海北を平《たいら》ぐること九十五国……」（『宋書《そうじょ》』倭国伝《わこくでん》）

これは、四七八年，中国南朝の宋の皇帝に倭王武《ぶ》（雄略《ゆうりゃく》天皇）が送った上表文の抜粋です。

要約すれば、「自分の祖父たちは自ら甲冑に身を固め、休息する暇もなく、国内の東・西、さらに海を越え朝鮮半島の国々を平らげた」という意。

雄略天皇は第二一代天皇です。次頁の白鳥伝説は第一二代景行天皇の皇子ヤマトタケルの伝承ですが、雄略天皇が述べた「祖禰躬ら」（祖父たち）というのは、正にヤマトタケルの姿そのものです。

ある研究者によると、関東地方における古墳時代後期墳丘長六〇m以上の前方後円墳の造営数は関東は二一六基。これに対し、畿内三九基、吉備四基、尾張一二基、美濃七基だそうです。

畿内の大型古墳の多くが陵墓に関係ありと考えると、関東地方の同時期の前方後円墳の造営数には驚かされます。それだけの政治勢力・経済力が当時、この地方に存在した何よりの証拠です。

ここで気になるのは「東は毛人を」の毛人です。毛人とは、当時の大和政権から見て日本列島の東方（現在の関東以北）に住む人々への蔑称です。

古代、関東には「毛野国《けぬのくに》」という大国がありましたが、やがて大和政権下で、上毛野国《かみつけのくに》と下毛野《しもつけの》国《くに》に二分されます。奈良時代以降前者は上野国《こうずけのくに》（現群馬県）、後者は下野国《しもつけのくに》（現栃木県）となります。

「毛野」という地名は栃木県足利市毛野新町として現在も辛うじて生きています。また、栃木県小山駅と群馬県前橋駅を結ぶ鉄道路線を両毛線《りょうもう》と言います。この「両毛」の由来は古墳時代の旧国名を思い出せば、自ずと答えが出るというものです。

豆知識　白鳥伝説

『古事記』によると、東国遠征を終え尾張に着いたヤマトタケルは、尾張豪族の娘美夜受比売《みやずひめ》と縁を結びこの地に滞在。その後、草薙剣を美夜受比売に預け、伊吹山の神を退治に出かけます。

しかし氷雨に打たれ重病となり、力尽き帰途に。途中、「私の足は三重に曲がり、大変疲れてしまったよ」と嘆いたことが、「三重」の地名の由来とか。そして皇子はついに能褒野《のぼの》（三重県亀山市）で息絶えました。次の歌は、その時詠《よ》んだものです。

倭《やまと》は国のまほろば　たたなづく青垣
山隠《やまごも》れる　倭しうるは《わ》し

（大和は国中で最も素晴らしい国だ。青々した垣根のように、重なり合った山々に囲まれた大和は本当に素晴らしい）

死後、皇子は能褒野に御陵が築かれ、葬られます（能褒野墓・能褒野王塚古墳）。ところが白鳥がその地から空高く飛び立ち、大和方面へ。人々は、白鳥を皇子の化身と捉えました。やがて白鳥は、大和琴弾原《やまとことひきのはら》に降り立ちます（奈良県御所《ごせ》市富田）。人々はそこにも御陵を築きました（琴弾原白鳥陵）。

ところが白鳥はさらにその地を後にして、河内《かわち》古市《ふるいち》（大阪府羽曳野市）に降り立ちました。そこで、その地にも御陵を築くことに（河内白鳥陵）。すると白鳥は天高く飛び立っていったと伝えられます。この三陵は現在「白鳥三陵」と呼ばれています（白鳥《しらとり》伝説）。

この白鳥は尾張の熱田にも飛来したという伝承が熱田神宮にもあります。その関係で、この熱田の地にも古墳が造営されたという伝承が。現在も白鳥古墳（白鳥御陵）として、名古屋市熱田区白鳥にその古墳が地名と共に残されています。

また、美夜受比売がヤマトタケルから預かった「三種の神器」の一つでもある草薙剣は、熱田神宮の御神体としてお社《やしろ》にお祀《まつ》りされています。

豆知識　大和

「大和《やまと》」は日本古代史上で、キーワードとなる極めて重要な地名です。現在この「大和」の地名の分布は、北は北海道から、南は鹿児島県まで、全国二三〇ヵ所に及びます。また、読みのヤマトを他の漢字で置き換えた地名も含めると、その数は相当数になると推定されます（例　山門・山都・倭）。

このように全国レベルで見られる「大和」の地名ですが、その語源は諸説あります。

ただ現在の奈良県に、古代「ヤマト」と呼ばれる土地があり、そこに拠点を置いた政治勢力が、やがてヤマト政権となり全国に勢力を拡大していったのは、ほぼ史実と考えてよいでしょう。

古くは「倭」と書き「ヤマト」と読みました。元々この漢字は中国側が我が国の古称「ワ国」のワに蔑称的な意味の漢字を当てはめたものです。

そこで元明《げんめい》天皇の時代、発音が倭と通ずる「和」に美称の「大」を付け、「大和」にしたとのこと。

ともかく、大和政権と地名「大和」が大変に密接な関係にあるのは誰でもが理解できることです。

しかし、初めの拠点「ヤマト」がどこなのか。また、どのようにしてその政治勢力が誕生したのか。現状では、その特定にいまだ至っていません。

二〇二〇年（令和二）は、我が国最初の正史、『日本書紀』が編纂され一三〇〇年の年に当たります（『古事記』はその八年前に編纂）。物事は視点を変えると、思いがけない発見があると言います。

世界的に見ると神話と歴史の間には断絶があるのが一般的です。ところがこの両書『記紀』は、神話が歴史に直結しているのが大きな特色です。その境目の「グレーゾーン」こそが「神武東征」を始めとした伝承の記録です。

荒唐《こうとう》無稽《むけい》と思えるストーリーの中に、当時を生きた人々が語り伝えたかったことや歴史の痕跡を探し出す姿勢は大切にしたいものです。

豆知識　出雲

「出雲《いずも》」は現在の島根県東部に当たる旧国名です。この地名は、島根県出雲市として今も健在です。出雲は古代より実り豊かな土地でした。

地名の由来は、「美しく雲が湧きたつ様子」から名付けられたとする説が一般的です。

神話の世界での出雲は極めて重要な「主要舞台」として登場します。そのクライマックスは、何と言っても出雲の「国譲り」です。この伝承を理解するには『記紀』神話に登場する神々が、二分類されることを知っておく必要があります。

それは、天上の神（天津神《あまつかみ》）と地上の神（国津神《くにつかみ》）です。前者は皇室の祖神とされる天照大神《あまてらすおおみかみ》の系列の神々で、その流れが後の大和政権に受け継がれます。後者は各地の有力者的な神様です。

前者の最高神が天照大神なら、後者の神々を束ねるのが、出雲を統治する神、大国主命《おおくにぬしのみこと》です。

「国譲り」とは、天照大神の使者が大国主命の元にやって来て、出雲を譲ることを要求します。対する大国主命は、最終的に、「自分を天津神と同等の立派な社殿に祀《まつ》ること」を条件にその要求をのみ、姿を隠したという伝承です。その「天津神と同等の社殿」こそが出雲大社というわけです。

この伝承は、神話という形を通してではありますが、古代の出雲勢力と大和政権の力関係を暗示しているように思えてなりません。

なぜ、大和朝廷の立場で編集されたはずの古事記の神話部分の三分の一が出雲神話なのか。なぜ、古代において出雲大社が国内の建造物の中で、最大の高さを誇っていたのか。なぜ、大和の中心にある三輪山に出雲大社の祭神が祀られているのか。

こうした古代日本で特別視されてきた出雲の謎のベールも、近年、この地での考古学上の大発見の連続で、少しずつ明らかになりつつあります。今後の研究成果に大いに期待したいところです。

豆知識　土師

渡来人とは、中国大陸や朝鮮半島から渡ってきた人々を指します。その意味で、弥生時代に稲作文化をもたらした人々も、この範疇《はんちゅう》に入ります。

この渡来人で特に注目したい時期が、その流れが一気に加速する四世紀から七世紀にかけてです。

こうした渡来人は様々な先進技術を日本にもたらし、日本文化の基礎を培う役割を果たしました。高度な土木技術を必要とする古墳の築造にも、こうした渡来人が関わったと考えるのは自然です。

大和政権に関わる古墳造営で特に重要な役割を果たしたのが土師《はじ》氏です。土師氏は「古代、埴輪《はにわ》の制作や陵墓の造営に従事した人」（三省堂『大辞林』）です。大王《おおきみ》の葬送儀礼にも深く関与し、同時に土師器を制作する工人集団を率いた氏族でもありました。土師氏＝「渡来人」説もあります。

土師氏の祖先と言われる野見宿禰《のみのすくね》が、垂仁《すいにん》天皇の皇后日葉酢媛《ひばすひめ》が亡くなったおり、殉死の代わりに陵墓に粘土で焼いた人形を造ることを献言したという伝承も（『日本書紀』）。こうした陵墓造営の功績があった土師氏は、朝廷に特定の職で奉仕する役職名として「連《むらじ》」の「姓《かばね》」が与えられました。

古代、粘土をハニと言いハニで作られた人形が「ハニワ」（埴輪）、器が「ハジキ」（土師器）です。それを制作する工人を「ハジ」と呼び、「土師」という漢字が当てられたものと考えられます。

また、こうした土師氏の職人集団は仕事の関係上、古墳の周辺に住んだと考えられます。

大阪府堺市中区土師町はその代表格で、この地は世界遺産仁徳天皇陵古墳を始めとした百舌鳥・古市古墳群の真っ只中に位置しています。

この「土師」という地名は、全国に町レベルで一六ヵ所、見つけることができます。

ちなみに奈良時代に土師氏は菅原の姓を拝領。平安時代に登場の菅原道真は土師氏の末裔《まつえい》です。

4 飛鳥

古墳時代に次ぐ時代が、「飛鳥《あすか》時代」です。

この飛鳥時代とは、「都が飛鳥に置かれていた時代」を指します。

諸説ありますが一般的には、推古天皇が豊浦宮《とゆらのみや》で即位した五九二年から、元明天皇が平城京に遷都する七一〇年までの約一〇〇年間を言います。

当時の歴代天皇には一代ごとに都を移す習慣がありました。これを飛鳥時代に当てはめますと、推古天皇（豊浦宮・小墾田宮《おはりだのみや》）→舒明《じょめい》天皇（岡本宮）→皇極《こうぎょく》天皇（板蓋宮《いたぶきのみや》）→孝徳天皇（難波宮）→斉明天皇（川原宮）→天智・弘文天皇（大津宮）→天武天皇（浄御原宮《きよみはらのみや》）→持統・文武天皇（藤原京）となります。

この間、飛鳥及びその隣接地域を離れたのは、孝徳・天智・弘文の三天皇の約一五年間だけで、政治・文化の中心はおおむね飛鳥にありました。

六四五年、皇極天皇の板蓋宮で「蘇我入鹿暗殺事件」（乙巳《いっし》の変）が起き、大化の改新につながっていったことは、記憶に留めておきたいところです。

さて、時代名ともなったこの「飛鳥」という地名ですが筆者は学生時代、飛鳥と書いて「アスカ」と読むことについては、機械的に覚えました。

時が過ぎ、ある時ふと、「アスカ」には飛鳥と明日香の二つの表記があることに気付きました。同じ地域を指す地名で、両方共に「アスカ」と読み、別の表記なのはなぜか。そもそも飛ぶ鳥と書いて、なぜ「アスカ」と読むのか。長年見過ごしてきた疑問が沸々と湧いてきました。

早速地図帳で、「飛鳥」という地名を探すと意外や意外、「奈良県高市郡明日香村飛鳥」との表記があり、飛鳥とは明日香村の中の字名《あざめい》でした。

さらに村の成り立ちを調べると、元々この地に飛鳥村・高市村・阪合村があり、一九五六年（昭和三一）の三村合併で現在の村名になった経緯が。

一般的に、時代や地域を指す場合は「飛鳥」を、地名や自治体名では「明日香」を使用するということもわかってきました。

　では二つ目の疑問。なぜ、「飛ぶ鳥」と書いて、「アスカ」なのかという点です。

　この疑問を解くヒントが『万葉集』の中で歌人柿本人麻呂が泊瀬部皇女《はつせべのひめみこ》と忍坂部皇子《おさかべのみこ》に献上した歌の一編にありました。

　飛ぶ鳥の　明日香の河の
　上つ瀬に　生ふる玉藻は
　下つ瀬に　流れ触らばふ

（飛ぶ鳥の明日香の川の川上の水に生える美しい藻は川下に流れてもつれ合う）

　この歌からわかることは、「飛ぶ鳥」が「明日香」の枕詞《まくらことば》になっていることです。この、枕詞である「飛ぶ鳥」（飛鳥）を、後に「アスカ」と読むようになったとの説が現在では最有力の説です。

　音読みでの「アスカ」は、『古事記』『日本書紀』『万葉集』では明日香・飛鳥・安宿・阿須賀・阿須可等々、様々な漢字で表記されています。

　では、そもそも「アスカ」という言葉の語源はどこから来ているのでしょうか。

①　外来説
・渡来人が安住の宿として安宿と命名。安宿は朝鮮語でアンスク→訛《なま》ってアスカに
・古代朝鮮語で村《スカ》＋接頭語ア→アスカ
・仏教発祥地インドのアショカ王の名前が転化

②　鳥説
・イスカという鳥の名前から転じた

③　地形説
・接頭語ア＋洲処《スカ》（＝砂地）…例　横須賀
・川などが浅《ア》ス（＝浅い）＋処《カ》
・崩地《アス》＋処《カ》　（明日香村ホームページより）

　歴史上、「飛鳥時代」の飛鳥の範囲は、現在の明日香村より、もっと広範な地域を指したようです。

豆知識　四天王寺

大阪の「四天王寺《してんのうじ》」と言えば、飛鳥時代のヒーロー聖徳太子が建立した奈良法隆寺と共に有名な寺院。

その所在地が、大阪府大阪市天王寺区四天王寺です。寺院の名称がそのまま地名となっているところが興味を引きます。

皆さんご存じの聖徳太子という人物名は、後世の人が生前の業績を称えてつけた贈り名です（諡《し》号《ごう》）。聖徳太子は生前、厩戸皇子《うまやどのみこ》・豊聡耳皇子《とよとみみのみこ》・上宮王《かみつみやおう》・法大王《のりのおおきみ》と様々な名で呼ばれています。

中でも注目は厩戸皇子という名です。母の穴穂《あなほ》部間人《べのはしひと》皇后が厩戸（馬小屋）の前で太子を出産され命名という伝承が。また、一説には母が皇子を実家で出産（叔父蘇我馬子《そがうまこ》宅）。この実家所在地の地名（厩戸）から命名したという説もあります。

聖徳太子は後に叔母推古天皇の摂政となり、蘇我馬子と協力して、天皇中心の政治を目指し、内政・外交・文化面に尽力した人物として有名です。

この改革者聖徳太子を語る時、何と言ってもそのキーマンとなるのが蘇我馬子です。

聖徳太子が誕生した頃の日本は、大和政権内部で物部《もののべ》氏と蘇我氏という大豪族が抗争を繰り返していた時代でした。そして、とうとう物部守屋《もりや》と蘇我馬子の直接軍事対決を迎えます（「丁未《ていび》の乱」、五八七年）。

この時、蘇我馬子側に立ちデビューしたのが、当時一四歳の若き厩戸皇子です。

厩戸皇子がこの戦で、戦勝祈願のため木片に、仏の守護神である四天王像を彫り、戦いの勝利を祈願したとする逸話は有名です。

そして、戦勝の御礼に、太子が建立したお寺こそが、四天王寺と伝えられます。当然ですが、四天王寺の地名の由来もこの寺院名にあります。

地名には由来があり、それを繙《ひもと》くことが、その土地の歴史を知ることにつながるよい一例です。

豆知識　蘇我氏の「蘇我」は地名？

蘇我氏も物部氏も古代の大和政権を支えた有力氏族です。氏姓制度の上での「氏《うじ》」は血族グループの名称。蘇我氏は本拠地である「蘇我」の地名に由来し、物部氏は役職に由来しています。

その氏に与えられた地位や家柄を表す称号が「姓《かばね》」です（中央豪族→臣《おみ》・連《むらじ》、地方→君《きみ》・直《あたえ》）。特に有力な豪族には大臣《おおおみ》・大連《おおむらじ》が与えられました。

蘇我氏は稲目《いなめ》・馬子・蝦夷《えみし》・入鹿《いるか》の四代にわたり「大臣」を務め、特に外交関係で力を発揮しました（蘇我氏の祖は、百済系渡来人とする説も）。

他方、物部氏ですが、古くから大伴氏と並び、大和政権の軍事・刑罰を担当。大伴氏と共に姓は「大連」。大伴氏失脚以後は、蘇我氏と並び、大和政権内で大きな力を発揮することになります。

後の世の武士と同義語の「もののふ」の語源はこの物部（もののべ）からという説もあります。

そして、大和政権内における蘇我氏と物部氏の覇権争いは、仏教の礼拝をめぐって大臣蘇我馬子と大連物部守屋の時に頂点に達し、武力衝突にまで発展します。これが、前頁で紹介した丁未の乱（五八七年）です。

軍事を司る戦闘集団物部氏の軍勢は戦を有利に展開しますが、戦闘中、総大将守屋が矢に当たり落命。物部軍は総崩れとなりました。

この戦いにより物部氏の宗家は滅亡。しかし、子孫は石上氏を名乗り平安時代に貴族として名を留めています。また、中央での地位を失っても地方で活躍したケースも十分考えられます。

それを物語るものが地名です。「物部」という地名を探ると、滋賀・京都・兵庫・長崎・高知の各県、三六ヵ所で見つかりました。中でも高知県香美市に集中しているという特徴があります。

他方、「蘇我」という地名ですが、千葉県千葉市に二ヵ所だけ残されています。

豆知識　斑鳩

『日本書紀』によれば、聖徳太子は六〇一年、斑鳩宮《いかるがのみや》の造営を開始し、六〇五年に移り住んだと言われます（奈良県生駒郡斑鳩町）。

同時に亡き父、用明天皇を偲び、斑鳩宮の西方に建立したのが法隆寺（別称、斑鳩寺）です。合わせて中宮寺・法輪寺・法起寺も建立しました。

この世界最古の木造建築法隆寺は、一九九三年、日本で初めて世界遺産に登録されました。

さて、「斑鳩」の地名の由来ですが「一説によると、この地に斑鳩《いかる》という鳥がむれをなしていた」ことから名付けられたとか（斑鳩町ホームページ）。

不思議なのは、聖徳太子はこの斑鳩宮に移住はしましたが、推古天皇を始め蘇我氏や豪族たちの多くは、斑鳩から南東二〇㎞離れた飛鳥で暮らしていたことです（当時の都は飛鳥小墾田宮《あすかおはりだのみや》）。

聖徳太子は政務をとるために、わざわざ、片道二〇㎞の道を馬で通っていたわけです。この「通勤路」を太子道《たいしみち》（筋違道《すじかいみち》）と言います。この道沿いにある奈良県磯城郡三宅町には、太子が休息のおり、里人が屏風を立ててもてなしたという伝承がある「屏風」という地名も残されています。

太子が推古天皇の摂政として政治の表舞台に登場したのが二〇歳（五九三年）。本格的動きを見せ始めるのは六〇〇年代に入ってからです。

冠位十二階の制定・十七条の憲法・遣隋使派遣と矢継ぎ早に行動を開始。ところが六〇八年を境に表舞台から身を隠すようになり、歴史書の編《へん》纂《さん》や仏教の普及の活動に力を注ぎます。そして、六二二年、太子は病で没しました（享年四八）。

こうした太子の行動の背景に、政権内で実権を握る蘇我氏の圧力があったとも言われています。

太子逝去後、斑鳩宮には太子の子山背大兄王《やましろのおおえのおう》が居住。しかし、蘇我入鹿に襲撃され自害。太子の一族は滅ぼされ宮殿も焼失しました（六四三年）。

豆知識　大阪府太子町と「王陵の谷」

聖徳太子にゆかりのある土地で、地名に「太子」という名が付く土地を紹介します。

前頁で、飛鳥から聖徳太子が居住した斑鳩までの道を紹介しました（太子道）。実は当時この飛鳥にはもう一本重要な幹線道路がありました。

それが六一三年、飛鳥と難波（大阪）を結ぶ、東西の直線で敷設された日本最古の官道と言われる横大路です（竹内街道、現在は国道一六六号）。

この道は飛鳥と大陸との往来を担う「外交の道」として大変重要視されました。遣隋使の小野《おのの》妹子《いもこ》もこの道を通り隋に渡り、また大陸からの使者もこの道を通り飛鳥に向かいました。

この頃、大和の飛鳥が「遠《とお》つ飛鳥」と呼ばれたのに対し、「近《ちか》つ飛鳥」と呼ばれた地域があります。その場所こそが、竹内街道が町中を横断する現在の大阪府南河内郡太子町付近一帯です。

実はこの太子町は「王陵《おうりょう》の谷」と呼ばれるほど、天皇・皇族クラスの古墳が多く残されています。

その中心とも言える御陵が、敏達《びだつ》・用明・推古・孝徳天皇陵、そして聖徳太子の御廟《ごびょう》です。

太子の御廟には、太子の棺と共に母の穴穂部間人皇后、妃の膳郎女《かしわべのいらつめ》の棺も納められていると伝えられ、三骨一廟とも呼ばれています。また小野妹子の墓も太子町内に残されています。

この大阪府の太子町ですが、当時の磯長《しなが》村と山田村が合併してできた町です（一九五六年・昭和三一）。町名はもちろん、聖徳太子にちなみ名付けられました（太子町ホームページ）。

兵庫県揖保《いぼ》郡にも太子町という地名があります。こちらは推古天皇から聖徳太子が水田を与えられた場所で、太子により斑鳩荘《いかるがのしょう》と名付けられ、この地を法隆寺に施入。以後、法隆寺荘園として栄えたそうです。この地の中心には太子が建立したと伝えられる「斑鳩寺」もあります。

豆知識

「国・郡・里」制と古代の国名

古墳時代の大和政権は、大和・河内を中心に、大王《おおきみ》（後の天皇）を盟主とした大豪族の連合体でした。ところが六世紀に入ると、朝鮮半島情勢の悪化や国内での豪族間の対立などの動揺が続き、大和政権は体制の変換が迫られました。

そんな中、「中央集権国家への転換」を目指し歴史の舞台に登場したのが聖徳太子です。しかし、その前には大豪族蘇我氏の壁が立ち塞がりました。

その太子の意志を継いだのが、中大兄皇子《なかのおおえのみこ》（後の天智天皇）・中臣鎌足《なかとみのかまたり》らで、クーデターにより、その壁の破壊に成功します（「乙巳《いっし》の変」、六四五年）。ここから開始されるのが「大化の改新」です。

その後、そのバトンは天智天皇の弟大海人皇子《おおあまのみこ》に受け継がれます。皇子は「壬申《じんしん》の乱」（六七二年）を経て、天武天皇として即位。それまでの豪族の連合体であった大和政権から天皇中心の権力体制を強化させた政権の確立に成功し、改革をさらに大きく推進させていきました（律令国家）。

そして文武天皇の治政下、七〇一年（大宝元）、我が国で最初の本格的法典、『大宝律令』が完成。古代日本の国家統治の根本法典となりました。

この法典の中で、全国を六〇余りの国に分け、各国を畿内と七道に行政区分しました。さらにその国の下に郡と里《り》を置く「国・郡・里」制を定め、それぞれに国司・郡司・里長を任じ、地方行政の仕組みを完成させせました。七一五年、「里」は「郷《ごう》」に改め「国・郡・郷」制に改称されます。

国司は中央から貴族を派遣し国内を統治。郡司はもと国造《くにのみやつこ》など地方の豪族が任じられました。

古代の国名については、原則それまでの既存の名称がそのまま用いられましたが、東国に関しては「中央の視点」で一方的に命名されました。

我が国の国号が、外交的に倭国から「日本」として用いられるようになったのも、この頃からです。

豆知識　不破

「不破《ふわ》」は岐阜県にある郡名です。

六七二年（天武元）、壬申の乱が勃発。その時、大海人皇子はいち早く東国につながるこの地を封鎖して大勝。以来この地の地名に「突破されない」という意味の「不破」の字を当てました。

その翌年、皇子は即位して天武天皇に。都の飛《あす》鳥浄御原宮《かきよみはらのみや》と畿内を防衛するため、都に通ずる三つの幹線に関所を設置しました（東山道「不破の関」、東海道「鈴鹿の関」、北陸道「愛発《あらち》の関」）。

七〇一年成立した『大宝律令』では、この不破の関も含め、鈴鹿の関・愛発の関が律令国家の最重要の関所＝「三関」として位置付けられました。

その後、平安時代に入ると愛発の関に代わり、東海道・東山道の京都の入り口の要所に逢坂《おうさか》の関が設置されたことで、不破・鈴鹿・逢坂の関が新たな三関と呼ばれることになります。

この三関により人々の往来は大きく遮断され、関の東西でそれぞれ異なった文化・風習が形成されました。その影響は現在に至るとも言われます。

その後、律令制の崩壊と共に、関所は本来の軍事的防衛施設の意味を失います。中世に入ると、その地域を管轄する有力者の金儲けのための「関銭」（通行税）を取るための施設に変身。各所に関所が造られます。そうした関所を交通・商業の障害として、撤廃したのが織田信長です。

この関所が再び復活するのが江戸時代。幕府創始者徳川家康の天下取りの第一歩が「関ヶ原の戦い」（一六〇〇年）というのも、関所が持った歴史的・地理的環境というものを強く感じさせます。

江戸幕府の関所の設置は江戸の防衛と治安維持が目的でした。主要街道の五三ヵ所に関所を設置。中でも東海道の箱根の関は特に重要視されました。

関所が完全に廃止されたのは一八六九年（明治二）になってからのことです。

豆知識　関東と関西

関東・関西の「関」とは文字通り「関所」を意味します。ですので、関東とは関所の東側、関西とは西側という意味です。では、この関所とはどこを指すのでしょうか。

　壬申の乱直後、天武天皇の命で東山道に不破の関（岐阜）、東海道に鈴鹿の関（三重）、北陸道に愛発の関（福井）を設置。これ以降、この三関より東を、関所の東という意味で「関東」と言い、言葉・概念ができ上がりました（関東＝東国の意）。

　この意味で、当時は現在の愛知県・岐阜県東部・長野県はすべて「関東」ということになります。

　その後、平安時代中期、愛発の関に代わり、逢坂の関が新設されましたが、「関東」という意味では、これまでと大きな変化はありませんでした。

　この時点で「関西」という概念は存在しませんでした。なぜなら奈良・平安時代、日本の中心は奈良・京都にあったわけで、そこに住む人々は、「畿内」という意識はあっても、わざわざ「関西」という呼称は必要なかったわけです。

　室町時代、鎌倉府（鎌倉公方《くぼう》）の管轄下にある関東八ヵ国（相模《さがみ》・武蔵《むさし》・上野《こうずけ》・下野《しもつけ》・常陸《ひたち》・下《しも》総《うさ》・上総《かずさ》・安房《あわ》）が「関東」と意識されるように。

　江戸時代はこれを受け継ぎ、関東八ヵ国は「関八州」と呼ばれました。関所との関連で見ると、箱根の関・小仏《こぼとけ》の関・碓氷《うすい》の関より東を「関東」と認識したと言ってよいでしょう。この範囲が現在の「関東地方」をさす言葉となっています。

　「関西」ですが、「関東」の対義語として用いられる言葉で、一般に浸透したのは明治以降のこと。似た言葉に「近畿」（都に近い国々）があります。京都・大阪・滋賀・兵庫・奈良・和歌山・三重の二府五県がこれに該当します。「関西」との違いは、三重県を含むか否かです。関西と言った場合、三重県は含まないという捉えが一般的です。

豆知識　高麗・新羅・百済

七世紀初頭の朝鮮半島は高句麗《こうくり》（高麗《こうらい》）、新羅《しらぎ》、百済《くだら》の三国が覇権争いをしていました。この争いに唐が新羅と同盟を結び加わることで、対立の構図は、百済・高句麗×唐・新羅となりました。

唐は高句麗への遠征を開始。同時に新羅は唐に支援され百済へ、結果、百済は滅亡（六六〇年）。

この時百済の遺臣が日本に援軍を要請。日本はこれに応じ三万の兵を半島へ派兵。唐の水軍と海上で遭遇し激戦の末大敗します（「白村江《はくそんこう》の戦い」、六六三年）。高句麗も、唐・新羅連合軍により滅亡（六六八年）。新羅が朝鮮半島統一を果たしました。

朝鮮半島で故国を失った多くの人々は、亡命の地日本列島へ「渡来人」としてやってきました。

大和政権はこれらの人々を積極的に受け入れ、王族の出身者には百済王や高麗王などの姓を与え、人々を故国別に集めて土地を与え、居住させます。

まず、先発で来日した百済出身者には、都に近い摂津国難波（現在の大阪府）に「百済郡」を新設します（六六四年）。現在、枚方《ひらかた》市中宮之町には百済王神社があり、百済寺跡は公園となっています。

後発の高麗や新羅からの渡来人は、武蔵国（現在の東京都・埼玉県）の開発のため送り込み、「高麗郡」（七一六年）や「新羅郡」（七五八年）を新設しました（『続日本紀《しょくにほんぎ》』）。

現在、埼玉県日高市には高麗《こま》神社が、神奈川県平塚市には高麗山《こまやま》があり、高麗からの渡来人との関係が指摘されています。当時、山中に寺院と神社が建設されましたが、現在は高来《たかく》神社のみ存在。

また、全国的に町レベルで「百済」を地名とする箇所は奈良で一件、熊本で二件、滋賀で三件。「高麗」は、鹿児島で一件、大阪で二件、神奈川で一件、埼玉で二件あります。「新羅」については該当する地名はありませんが、新羅神社という名称の神社は各地に残っています。

5 奈良

いにしえの　奈良の都の　八重桜
けふ《きょう》ここのへ《え》に　匂ひ《い》ぬるかな

（その昔、奈良の都で美しく咲いた八重桜が、今日はこの平安京の宮中で色美しく咲き誇っています）「小倉百人一首・六一番」

この歌は平安時代、一条天皇の治政下、奈良の八重桜の一枝が宮中に献上され、その花の受取役伊勢大輔《いせのおおすけ》が、花を見て詠《よ》んだ歌です。

天武天皇の治政下で、これまで一代限りで移転していた宮を、中国にならい長期利用型の計画の中で造営された都が藤原京でした。

ところが藤原京も造営から一六年の七一〇年（和銅三）、元明天皇により「平城京」へ遷都されました。以後、桓武天皇が「平安京」に遷都する七九四年（延暦一三）までの八十数年間を、「奈良時代」と呼びます。

冒頭の歌に詠まれた「奈良の都」とは言うまでもなく「平城京《ならのみやこ》」のことです。

でも、なぜ、「平城」と書き「なら」と読むのでしょうか。これには諸説あるようです。

「なら」の由来については、平らにするという意味の「ならす（均す・平す）」と同源の「ナラ（平・均）」で、緩やかな傾斜の平らな土地を表した地名と考えられるそうです。この地名は『崇神紀《すじんき》』に「那羅山」という名で見られ、『万葉集』には「奈良」と記されているとのことです（『地名由来辞典』）。

さて、都が奈良に移され間もなくの七一三年（和銅六）、地名に関し朝廷から「好字二字化令」という画期的な法令が各国に出されました。

それは、「諸国の郡名、里名を、好《よ》い字の二文字に改めて定着させよ」というものです。

この法令のねらいは、第4節で見た地方行政区画同様、朝廷の地方支配を貫くことにありました。

これによってこれまでバラバラだった日本各地の

地名の文字数は突然、二文字に揃えられました。この法令を出すきっかけは、先進国唐《とう》のシステムを遣唐使が学び、持ち帰ったことにあります。

日本の地名を見ると、確かに漢字二文字で書き表されるケースが非常に多いことに気付かされます。例えば四七都道府県名では神奈川・和歌山・鹿児島以外はすべて漢字二文字です。

この法令が、いまだ私たちが生活する地名の中に息づいていることに、改めて驚かされます。

さて、平城京を詠んだ歌をもう一首紹介します。

青丹《あおに》よし　奈良の都は

咲く花の　にほふ《おう》がごとく　今盛りなり

(青丹も美しい奈良の都は、咲きさかる花のかがやくように、今盛りである)

これは『万葉集』に詠まれた小野老《おののおゆ》の歌です。赴任先の大宰府《だざいふ》から奈良の都を想って詠んだ歌。詠まれたのは七三〇年（天平二）頃で、奈良の都が造営され、二〇年程がたっていました。

実はこの歌が詠まれた前年（七二九年・天平元）、藤原氏が皇室の重鎮長屋王《ながやおう》を打倒するために仕組んだ政治的陰謀事件が勃発（「長屋王の変」）。

四年後の七三四年（天平六）、畿内七道を揺るがす大地震が発生。またその翌年七三五年（天平七）〜七三七年（天平九）にかけて、全国的に伝染病（天然痘《てんねんとう》？）が大流行しました。

文化面での奈良時代は、遣唐使がもたらした国際色豊かな仏教・貴族文化が「咲く花の　にほふがごとく」開花した時代でした。特に聖武天皇の治政下（七二四年〜七四九年）がこの時代の文化の最盛期でした（天平文化）。

しかし、その文化の華やかさとは裏腹に、貴族間の抗争・自然災害・伝染病の頻発で聖武天皇は、心休まることもなく、その救いを仏教に求めました。

それを具体的な形にしたものが、東大寺及び、盧舎那仏坐像《るしゃなぶつざぞう》（大仏）の造立であり、各国ごとに建立を命じた国分寺《こくぶんじ》と国分尼寺《こくぶんにじ》でした。

豆知識 国府（府中・国衙）と郡衙

「国府《こくふ》」とは、律令制下で、諸国に派遣された国司が政務を執《と》る施設、または、その所在地を指しました（別名、府中《ふちゅう》・国衙《こくが》）。全国で、「国府」を含む地名は町域名で一二七件あります。

筆者が在住する愛知県の旧国名は、尾張《おわり》国と三《み》河《かわ》国です。稲沢市国府宮《こうのみや》町は尾張国、豊川市国府《こう》町は三河国と、「国府」がそれぞれその地に所在したことが地名として現在も生きています。

「府中」とは国府の別称で、地名として区市名で二件、町域名では三一件存在します。東京都府中市や広島県府中市がその例です。武蔵《むさし》国や備後《びんご》国の国府があったことがその地名の由来です。

「国衙」も国府の別称で、現在の町域名で山口県防府《ほうふ》市国衙（周防《すおう》国）・山梨県笛吹《ふえふき》市御坂《みさか》町国衙（甲斐《かい》国）・群馬県安中市松井田町国衙（上毛《かみつけ》野《の》国→後に上野《こうずけ》国）などがその例です。

群馬県（上野国）の場合は、国府の所在地は、現在の前橋市元総社町の宮鍋神社付近にあったと推定されていますが地名は残されていません。同県内に安中市国衙という地名が残されてはいますが、この二つの地名との関係は不明です。

国府には律令の規定に基づいて、国司と書記官（史生）・国博士・国医師といった専門職員、その他雑徭《ぞうよう》で徴発《ちょうはつ》の徭丁《ようてい》が勤務。小国では数十人、大国では数百人の規模で勤務していました。

国司は、守《かみ》・介《すけ》・掾《じょう》・目《さかん》の四等官の位があり、一国につき四人ワンセットで派遣。郡司を指揮し、軍団を統率しました（軍団は基本は一〇〇〇人で構成）。

国司は貴族を中央から派遣したのに対し、郡司は地方の豪族が任じられました。この郡司の役所・所在地を郡衙《ぐんが》（郡家）と呼びました。

現在「郡衙」として地名が残っている箇所は、調べた限りではありませんでした。「郡家」では兵庫県淡路市郡家《ぐんげ》を始め全国に一三ヵ所ありました。

豆知識　国分寺

七四一年（天平一三）、聖武天皇は鎮護国家を願って、国ごとに僧寺《そうじ》・尼寺《にじ》を建立させるための詔勅《しょうちょく》を出しました。この僧寺・尼寺を一般的には国分寺・国分尼寺と呼んでいます。詔勅では僧寺を金光明四天王護国之寺《こんこうみょうしてんのうごこくのてら》、尼寺は法華滅罪之寺《ほっけめつざいのてら》です（『続日本紀《しょくにほんぎ》』）。奈良の東大寺や法華寺はその総本山と位置付けられました。

聖武天皇がこの詔勅を出した背景には、伝染病・自然災害・貴族間の抗争・対新羅関係の悪化等の内外の危機感があったことが考えられます。

中でも伝染病の流行はかなり深刻なもので、『続日本紀』によると、その発生は七三五年（天平七）、九州に始まり、その後全国に拡大。発端は同年、大宰府に帰国した遣唐使が持ち込んだ可能性が。伝染病は天然痘だったと考えられています。

疫病は一旦下火となりましたが、七三七年（天平九）春、再び九州から流行が開始。夏から秋にかけ平城京へ、さらに全国へと感染が拡大。猛威をふるい人口の三割が落命したと推定されます。

さて、全国各地に建造された国分寺・国分尼寺ですが、国府の区内かその周辺に建てられました。

しかし、律令制の崩壊という時代の流れの中で多くが廃《すた》れていきました。ただ現在も、脈々と地名の中に生き続けている「国分寺」もあります。

その代表は、東京都国分寺市です。地名の由来はもちろん武蔵国に創設された国分寺です。

国分寺市の南部に位置するその場所は、現在は国の史跡に指定され、市立歴史公園として、武蔵国分尼寺跡をも含め、大切に保存されています。

全国の町区域レベルでは、二二ヵ所の「国分寺町」または、「国分寺」と名前が付く字名《あざめい》を見つけることができます。

国分尼寺については、残念ながら地名として見つけることはできませんでした。

豆知識　古代の地方行政区分

律令制下の大和朝廷は全国を六六ないし六八ヵ国に分け、各国を様々な基準で行政区分しました。その代表が「五畿七道《ごきしちどう》」という、都周辺を畿内五国（大和・山城・河内・和泉・摂津）と、それ以外の地域を七道に区分した方法です。

七道の各国の国府はそれぞれ七道と同じ名称の官道（幹線道路）で結ばれていました。中でも、東海道・北陸道・山陰道・山陽道は現在も地名として現役です（他、東山道・南海道・西海道）。

また、国力（経済力）の基準で「大国・上国・中国・下国」の四つに区分した方法もありました。これは各国の国情・時勢により変化し、この区分で、国司の格や派遣する人員も異なりました。

さらに、畿内からの距離により、分類した方法もあります。単純に、畿内五国に近い位置にある国が「近国」、遠い位置にある国が「遠国」です。その中間の位置にある国が「中国」というわけです。

これを現在の県におおよそ当てはめてみると、

・東の近国↓愛知・岐阜・三重付近まで
西の近国↓兵庫・岡山・鳥取東部付近まで
・東の中国↓静岡・山梨・石川付近まで
西の中国↓島根・広島東部＋四国地方全体

これ以外が、畿内の東西共に「遠国」扱いです。

ここで気が付かれた方もいると思いますが、現在の地方区分で、「中国地方」という呼び方があります。これは古代の畿内から西の「中国」という呼称の名残と考えられます（東の方は消滅？）。

同じく現在の地方区分で、東海・北陸・山陰・山陽の地方区分の呼称は「五畿七道」にちなみ名付けられています。現在の東海・北陸・山陽の、各JR鉄道の新幹線名もこれと同様です。

また、畿内（ほぼ現在の「近畿地方」）ですが、畿＝「都」の意味で、都の近隣地域の意味です。現代語の「首都圏」と同義語です。

豆知識　四国と九州

律令制に基づき設置された日本の地方行政区分（令制国）、五畿七道の南海道（現在の四国地方）に「阿波《あわ》・讃岐《さぬき》・伊予《いよ》・土佐《とさ》」（現、徳島・香川・愛媛・高知の各県）の四つの国を設置しました。

これが「四国」という地名の由来です。大変わかりやすいですね。『今昔物語』（平安末期）にも、この地名（四国）が登場します。

では、九州はどうでしょう。現在、どう数えても県は七つしかありません。実はこれも、四国同様、令制国の国の数え方に由来しています。

九州（旧西海道）を旧国名で見ると、筑前《ちくぜん》・筑《ちく》後《ご》・豊前《ぶぜん》・豊後《ぶんご》・肥前《ひぜん》・肥後《ひご》・日向《ひゅうが》・薩摩《さつま》・大隅《おおすみ》の九つです。これが現在の県名ですと、福岡・佐賀・長崎・熊本・大分・宮崎・鹿児島の七つ。

これは明治維新後の廃藩置県を経て、九国が統廃合の末、現在の七県に落ち着きました。しかし、九州という名称だけは残ったということです。

九州＝九国という意味ですが、この名称がいつ頃から使われ始めたかはよくわかっていません。

ちなみに、『古事記』や『日本書紀』では、筑紫島や筑紫州という言葉で九州を表現しています。文献上では、鎌倉時代成立の『吾妻鏡《あづまかがみ》』に、「九州」という言葉が登場しています。

九州の旧国名で気になったことですが、肥前・肥後のように、地名を「前・後」という漢字で表しています。他の地域で見ると、越前・越中・越後というように「前・中・後」もあります。

さらに調べてみますと、上野・下野のように「上・下」という場合も出てきます。

実は、これらの位置関係の基準は、都から見てどちらが近いか、遠いかです。例えば肥前（東部は佐賀県・西部は長崎県）と肥後（熊本県）、都から見ると一目瞭然です。このように旧国名には都を基準とした一定の「法則性」が隠されています。

豆知識　調布

飛鳥時代から奈良時代にかけて、日本の土地制度は確立されていきます。そのきっかけが六四六年（大化二）に出された「改新の詔《みことのり》」です。

それは、すべての土地と人民は天皇のものという宣言でした（＝公地公民、国が直接支配）。

この公地公民制によって、「屯倉《みやけ》」（朝廷の直轄地）や「田所《たどころ》」（豪族の私有地）は廃止されます。

しかし、この方針が形として整うのは、七〇一年（大宝元）の『大宝律令』を待たねばなりません。この法令の中で、公地公民の大原則に沿って出されたのが「班田収授法《はんでんしゅうじゅのほう》」です。

これは戸籍を元に人民に土地（口分田《くぶんでん》）を与え、代わりに税を収める義務を課すというものです。

- 租《そ》…口分田の収穫の三％↓国府へ（地方財源）
- 庸《よう》…年間一〇日の労役か、代わりに布を納入
- 調《ちょう》…各地の特産物、または布を納入

庸と調の納入先は都です。それらは朝廷の財源となりました。農民には代表がこれらを都に運ぶ運脚の義務があり、このため道も整備されました。

さて、この「租庸調」の中の「調」に関連し、大変貴重な地名が現在も残されています。

「調」を含む地名を調べてみると、全国で五九件。この中でも確実に、律令制の税「調」と関連すると考えられる地名が「調布《ちょうふ》」です。

東京都調布市が特に有名です。その地名の由来は「調として手織りの布を朝廷に収めていたこと」が様々な書物で紹介されており、明らかに「調」そのものが地名に反映したことが理解できます。

町レベルでは高級住宅街として有名な東京都大田区の田園調布。同区には田園調布本町、田園調布南という地名もあります。同じく世田谷区にも玉川田園調布があります。なぜか、山口県下松市にも生野屋田園調布という地名があります。この「田園調布」の地名のつながりは不明です。

豆知識　荘園

「公地公民」という方針が打ち出されたのが「改新の詔」（六四六年・大化二）。そして、これが制度として確立したのが、『大宝律令』の「班田収授法」です（七〇一年・大宝元）。

こうした制度により一旦は、すべての土地と人民は公有化されました。

ところが、この「国家の根本」であったはずのこの制度は、ある二つの法令が出されることにより、大きく揺らぎ、崩れていくことになります。

その法令こそが、三世一身《さんぜいっしん》の法（七二三年）と、墾田永年私財法《こんでんえいねんしざいほう》（七四三年）です。これらにより、貴族や豪族の土地の「私有」が認められ、こうして誕生した私有地こそが「荘園《しょうえん》」です。

このような法令を出さざるを得なかった背景には、人口の増加による口分田の不足や農民が逃亡したことによる田畑の荒廃がありました。

これらの法の内容は、「自分で開墾した土地は、各自の所有になる」ということですから、貴族・豪族・有力寺社はこぞって開墾を進めました。時代が経つと、こうした私有地（荘園）をより有力な者に形式上寄付（寄進）することで、自己の立場を有利にし、土地を守ろうとする動きが出てきます。

荘園の「荘」とは元々、田畑の中に建てられた建物（倉庫・器具庫）を指した言葉ですが、後にこうした建物が建つ土地そのものを指すように。

現在も「荘園」と名の付く地名が残されています。その例が、大阪府池田市荘園です。その他全国の町レベルでは九件見つかりました。

「〇〇荘」という地名ですと、市レベルで秋田県由利本荘《ゆりほんじょう》市の一件。町・字レベルですと何と一八二件もありました。これらが「荘園」との関係から名付けられた地名なのか、はっきりとしたことはわかりません。しかし、関係性のある地名数は、かなりにのぼるものと推測されます。

6 京都（平安京）

七八一年（天応元）、第五〇代天皇に即位した桓武《かんむ》天皇は、七八四年（延暦三）に遷都を決意し、平城京から北四〇㎞の地、長岡に都を移します。ところが突然、長岡京造営工事続行を断念。

七九四年（延暦一三）、新たに山背国《やましろのくに》（山城国）葛野《かどの》・愛宕《おたぎ》両郡にまたがる地に遷都、「平安京」と命名します。これが現在の京都です。

以降、平安京（京都）は一八六九年（明治二）まで形式的ではあれ、約一〇〇〇年間にわたって日本の首都であり続けました。その期間の中で、平安遷都から、源頼朝が鎌倉に幕府を開くまでの約四〇〇年間を「平安時代」と言います。

平安京という地名の由来ですが、七九四年に出された遷都の詔勅には次のような一文があります。

「この国、山河襟帯《さんがきんたい》、自然に城をなす。この形勝によりて新号を制すべし。よろしく山背国を改め山城国となすべし。また子来《しらい》の民、謳歌の輩《ともがら》、異口同辞し、平安京と号す」と。

前半には所在地の国名山背国を山城国に変えたこと。後半は民衆がこの新都を称賛し、平安京と名付けたとあります。いわゆるこの新都の名称は民衆の平安＝「心や社会などが穏やかであること」を祈願する気持ちを込めて命名したということです。

平城京→長岡京→平安京への矢継ぎ早の遷都の背景及び、天皇の心情がこの「平安京」という地名にすべて込められているような気がしてなりません。そして、これらの背景・心情が、桓武天皇の新都の造営に当たって生かされることとなります。

まず遷都の背景ですが、天皇の影響力低下に伴う政治的混乱（律令制の崩れ→朝廷の財政基盤の衰え→皇室内部主導権争い・有力貴族同士の暗闘）。それにプラスした奈良仏教勢力の台頭です。

また、突然の長岡京造営工事中断には造営責任者藤原種継《ふじわらのたねつぐ》の暗殺事件に関連し、皇太子早良親王《さわらしんのう》が逮捕・流刑、無実を主張し自害という事件が……。

その後、天皇の周辺で不幸が相次ぎ、天皇は、早良親王の祟りとし、これを恐れたとも。理由はともあれこうして山城国葛野の地に遷都されました。

この地の選定理由の第一は、水陸の交通の便が大変よいという点です。平城京には大河川がなく、物流の移動という点で大変不便な土地でした。その点、葛野は桂川・賀茂川を始め豊富な水量に恵まれ、淀川に合流という利点がありました。

特記すべき点は、この豊富な水量と住民の衛生環境を結び付けた都市づくりで、運河の建設も行われ、地名にも堀川通・堀川町等があります。

選定理由の第二は、この土地が風水上「吉相の地」であったという点です（「玄武《げんぶ》（北）に山あり、青龍《せいりゅう》（東）に河川あり、朱雀《すざく》（南）に湖沼《こしょう》があり、白虎《びゃっこ》（西）に大道がある」）。

風水でのこの条件は、悪霊や怨霊からその土地を守る霊的役割＝結界を果たす意味を持つと言われます。天皇にとり、早良親王の怨霊から逃れる風水上最良の土地だったと考えられます。

桓武天皇は平安遷都後、早速崩壊しかけた律令制度を立て直すための政治改革に取り組むことになります。その方向性の一端は新都造営計画の中にも生かされていきます。

天皇は遷都に際し、仏教勢力の政治からの排除をねらい、奈良にあった寺院の平安京への移築を禁止しました。その結果、遷都当初の平安京には寺院はほとんど作られませんでした。

ただしその例外として、遷都の早い段階で、左京・右京それぞれに官営の東寺・西寺の二寺の建造だけは許可しました。

都の地名が平安京に代わり「京都」になるのは、一一世紀末の院政期からで、京都の語源そのものは「首都を意味する漢語にちなむ名」とのことです。それが固有名詞として用いられるようになり、現在の京都府や京都市として、脈々と生きています。

豆知識 天皇の称号と京都の地名

平安時代以降の歴代の天皇の称号を見ていくと、京都の地名から取られているケースが多々あることに気付かされます。

例を挙げれば、嵯峨《さが》・醍醐《だいご》・村上・冷泉《れいぜい》・一条・三条・白河・堀川・鳥羽《とば》の各天皇です。いずれも、現在京都の「地名」として現役です。

では、そもそも歴代天皇の称号と京都の地名の間には、どのような関係があるのでしょうか。

その前提として、私たちは歴代天皇の称号はどのように贈られたかを知る必要があります。

天皇はその時代一人という大原則があります。ですので、他とご自身を区別する必要も、ご自分から名乗る必要もありません。生前の天皇には、その地位にある限り称号は必要ありませんでした。

ですので、天皇に口頭でお話しする時は「御上《おかみ》」「主上《しゅじょう》」「御門《みかど》」「天子《てんし》」等と呼びかけました。

結論を言えば、天皇の称号は後世の人が天皇の崩御後に贈ったということです。

それには二つのパターンがありました。一つは「諡号《しごう》」と言って、生前の功績を讃え贈られる称号。それに対し「追号《ついごう》」とは、生前の住い・出家した寺の庵号《あんごう》・山稜名《さんりょうめい》などを元に贈られたものです。

ですので天皇の称号が京都の地名と同じという場合は、後者の「追号」ということがわかります。

例えば、醍醐天皇は山稜の所在地名。白河天皇は譲位後の御所（院）の所在地名というわけです。

また、追号でも後鳥羽天皇や後白河天皇のように「後○○天皇」という場合もあります。これには次の二つのケースが考えられます。

・以前の天皇とゆかりがある土地が重なり、同名が付けられないので区別するためのケース

・以前の天皇（またはその時代）への憧れ
　後醍醐天皇は醍醐天皇の治政を理想としたため生前に遺言し、その諡号が贈られたと言います。

豆知識　太秦

「太秦《うずまさ》」は誰もが知る京都観光名所の東映京都撮影所（東映映画村）が存在する京都市右京区の地名です。しかし、この地名は、京都の中でも難読地名のベスト一〇入りするのではないでしょうか。

さて、この太秦の地ですが、平安遷都当時は、古墳時代に朝鮮半島から集団で渡来した秦氏《はたし》の本拠地でした（秦氏と同時期、半島から渡来した集団には漢氏《あやうじ》もいます）。

秦氏は土木技術や農業技術に長《た》けており、豊富な経済力を使って、桂川に灌漑《かんがい》用設備を整え、嵯峨野一帯を開墾《かいこん》しました。また、養蚕《ようさん》・機織《きしょく》・酒造・金工などの新技法を日本にもたらしています。それだけに留まらず、大和政権のもとでは財政を担当する役人としての活躍も見せました。

秦氏の本拠地は初め京都山背にありましたが、後にこの太秦に移転しました。こうしたことから、秦氏が平安京の造営に重要な役割を果たしたことは、想像に難くありません。

地名の由来は雄略天皇の時、秦氏首長の秦酒公《はたのさけのきみ》が絹を織って献上。この時、絹を「うず高く積んだ」ことから、禹豆満佐《うずまさ》の姓を与えられ、この姓に太秦の字を当てたという一説も。

このように、「太秦」は有力な豪族となった渡来人の氏名が地名になった典型的な例です。

平安時代初期に編纂《へんさん》された『新撰姓氏録《しんせんしょうじろく》』によりますと、氏を持つ一一八二氏のうち渡来人系が三二六氏。内訳は中国系が一六三氏。朝鮮半島系が一六三氏（百済一〇四・高麗四一・新羅九・任那《みまな》九）だそうです。大和政権下の氏族の約三割が渡来人系であったということです。この数字は秦氏を始め多くの渡来系の人々が、古代日本の国づくりを根底で支えた証と言ってもよいでしょう。

桓武天皇の母高野新笠《たかのにいがさ》が渡来系氏族であったことも有名な話です。

豆知識　比叡山

「比叡山《ひえいざん》」は滋賀県大津市西部と京都府京都市北東部にまたがる大比叡《だいひえい》（八四八ｍ）と四明岳《しめいがたけ》（八三八ｍ）の二峰から成る双耳峰の総称です。叡山、北嶺、天台山、都富士などという別称もあります。

「比叡」の語源は「日枝」で、文献上で、日枝山《ひえのやま》として、山名が最初に現れるのは『古事記』です。

日枝山は、神話に登場する大山咋神《おおやまくいのかみ》（山の地主神・農耕を司る神）が鎮座する山とされ、古代信仰の山でした（日吉《ひよし》大社）。

平安時代に入り、この比叡山に最澄《さいちょう》が建立した寺院が延暦寺《えんりゃくじ》です。

飛鳥時代以降、朝廷は「国家鎮護」のもとで、仏教を厚く保護してきました。しかしその結果、仏教勢力の政治介入という弊害が出てきました。

そこで桓武天皇は遷都に際し、仏教勢力からの政治への干渉を嫌い、寺院の平安京への移築を禁止しました。その関係もあって、遷都当初の平城京には寺院がほとんど造られませんでした。現代風に言えば、「政教分離」がねらいとも言えます。

ただし、天皇も神仏の力を借り、国家安泰を図りたい考えはあり、左京・右京それぞれに官営の東寺・西寺の二寺の建造だけは許可しています。

また天皇は同じ仏教でも、「政治に口出しせず、修行中心」の新しい二つの仏教宗派を特別に優遇しました。それが、唐で仏教を学び帰国した最澄の天台宗《てんだいしゅう》と空海《くうかい》の真言宗《しんごんしゅう》です。

最澄は一乗止観院《いちじょうしかんいん》という草庵を比叡山の山中に創建。これが比叡山延暦寺の歴史の始まりです。寺号は、当時の元号「延暦」にちなみ、八二三年に名付けられました。

延暦寺は単独の寺ではなく、山中に最盛期には堂塔が三〇〇〇ほどもあったと伝えられます。

一方、空海は和歌山県の高野山に金剛峯寺《こんごうぶじ》を建立。こうして仏教界に新しい風が吹き込まれました。

豆知識　蝦夷地

エゾリスやエゾシカと言えば北海道に生息する動物です。北海道が「蝦夷地《えぞち》」と呼ばれるようになったのは江戸時代以降のことで、蝦夷地の範囲は時代により異なります（少しずつ北上）。

大化の改新以前は中央政権に従わない関東・東北地方の人々をエミシと呼び「毛人」「夷」という文字を当てました（改新以降は「蝦夷」に）。要はエミシの住む場所を蝦夷地と呼んだわけです。

平安遷都を成し遂げたばかりの桓武天皇は、早速、律令制度を立て直すための政治改革と、この蝦夷地（東北地方）への遠征を開始します。

その原因は、蝦夷地で農業生産力を付けた土着の人々（蝦夷）が朝廷の律令制国家確立事業に対し大規模な反乱で応えたことに端を発します。朝廷は天皇の権威強化のため、遠征を計画、実行に移します。しかし、当初成果は出ませんでした。

そこで、三度目の遠征に際し、坂上《さかのうえの》田村麻呂《たむらまろ》を征夷大将軍《せいいたいしょうぐん》に任命。四万の兵をもってやっと反乱鎮圧に成功。鎮守府《ちんじゅふ》をこれまでの多賀城（宮城県）から胆沢城《いさわじょう》（岩手県）に北上させました。

反乱鎮圧にあたり、田村麻呂は武力と話し合いの両面でこれに対応。蝦夷の首長阿弖流為《あてるい》の説得に成功します。そして降伏後、副官母禮《もれ》と共に都に連れ帰りました。ところが、投降し恭順を誓う二人に朝廷は極刑を宣告。田村麻呂の必死の助命嘆願は聞き入れられず二人は処刑されました。

現在、田村麻呂のゆかりの清水寺には阿弖流為と母禮の碑が建てられています。

田村麻呂は五四歳で生涯を閉じました。死を悼《いた》んだ嵯峨天皇は詔勅《しょうちょく》を出し、田村麻呂を武具姿で棺に納め、立たせたまま平安京に向かって埋葬。平安京の守護神としたそうです（将軍塚）。

この田村麻呂ですが、朝鮮半島からの渡来人、漢氏一族の末裔《まつえい》だったと伝えられています。

豆知識　太宰府

「大宰府《だざいふ》」とは七世紀後半から奈良時代・平安時代を通し、筑前国（現福岡県）に設置された大和政権の行政機関（創設時期については様々な説が）。

六六二年、「白村江《はくそんこう》の戦い」で大和政権派遣軍が唐・新羅連合軍に大敗して以降、政権にとって、日本の防衛強化は喫緊の課題となります。

その一環として、天智朝早期の段階で、現在の大宰府政庁跡付近に、何がしかの実践的軍事色の強い施設が設置されたことが考えられます。

その後の律令制下で、行政機関としての大宰府が、それにふさわしい施設として整えられていきました。その役割は、九州諸国及び対馬《つしま》・壱岐《いき》の統括のみならず、東アジアの交流拠点として、外交・防衛の国家的機能を担いました。

当時の大宰府は、そうしたことから「遠《とお》の朝廷《みかど》」「西の都」とも呼ばれ、政庁を中心に奈良の都を模した都市整備がなされました。

さて、皆さんは大宰府という言葉を耳にした時、脳裏に浮かぶ歴史的人物と言えば誰ですか。筆者は大伴旅人《おおとものたびと》と菅原道真《すがわらのみちざね》の二人です。

大伴旅人は、山上憶良《やまのうえのおくら》と共に開催した、「梅花の宴」で詠《よ》んだ歌の序文が新元号「令和」の由来となったことで、一躍、時の人となりました。その舞台となったのが大宰府政庁跡周辺の坂本八幡神社とも（この神社は旧大伴邸の跡地との説も）。

菅原道真は、「天神様」として受験生に親しまれる太宰府天満宮の祭神で、遣唐使停止（八九四年）を朝廷に進言した人物。その後、藤原時平の陰謀で大宰府へ左遷され、その悲劇が後の「天神様」に結び付くというストーリーは誰もが知る話です。

坂本八幡神社は「令和の聖地」、太宰府天満宮は「学問の神様」として、共に人気観光スポットとなっています。こうした観光地の人気が、太宰府市の地名を全国的に知らしめています。

豆知識　兜町

この地名を目にした皆さんは何を思い浮かべましたか。この町名の所在地は正確に記すと東京都中央区日本橋兜町《かぶとちょう》です。かつては東京証券取引所を中心に銀行や証券会社が立ち並ぶ、日本を代表する世界屈指の金融街でした（一九八〇年代）。

さて、この東京都の兜町という地名と、京都市（平安京）がどう結び付くのか。実は、この二つを結び付けるキーマンこそが「平将門《たいらのまさかど》」です。

彼は、九三五年（承平五）、関東地方一帯を巻き込んだ「平将門の乱」を引き起こした人物です。

この反乱が起きた時代背景には、律令制の秩序崩壊と藤原氏の政治の独占、それに伴う地方政治の腐敗や乱れがありました。

桓武平氏の祖に当たる高望王《たかもちおう》は桓武天皇の孫に当たる人物です。皇族に連なる家系とは言え、都での出世は望めず国司として上総国《かずさのくに》へ（現千葉県）。退任後もそのまま現地に土着。関東の地に強大な勢力を構築。その孫に当たるのが将門です。

日頃から朝廷に対し不信感を抱いていた将門でしたが、ある事件をきっかけに常陸《ひたち》の国府を襲撃。続いて下野《しもつけ》・上野《こうずけ》と関東一帯を支配下に置き、自ら新皇《しんのう》と名乗りました（「平将門の乱」）。

華々しく武士の台頭と中央からの自立を世にアピールした将門でしたが、翌年、同族に討たれ、将門の首は京都三条河原で獄門晒首《ごくもんさらしくび》になりました。

その後、将門は伝説の人を通り越し、関東一円の武士や民衆の信仰の対象となり、関東各地の寺社に祀《まつ》られることになります。中でも東京都千代田区大手町にある「将門の首塚」は有名です。

時代が下り、徳川家康は江戸入府後、将門を強力な守り神とし、幕府の安泰と江戸の町の発展を祈願。将門にまつわる七つの寺社を建立します（代表格が神田明神）。その中の一つが、将門の兜を祀る兜神社。それが「兜町」の地名の由来です。

豆知識　宇治

京都府宇治《うじ》市と言えば、誰もが知る「宇治茶」のブランド名で知られるお茶の名産地です。

京都の南郊に位置するこの地は、北・東・南が山に囲まれ、源を琵琶湖に発する宇治川が流れ、自然の美しさを織りなす地として知られていました。

この地の風景は古くから歌に詠まれ、『源氏物語』終章の舞台にも設定されているほどです。平安京の貴族たちは宇治を「山紫水明」の地として憧れ、中には別荘を置く者もいました。

その代表格が藤原氏全盛期を築いた藤原道長《ふじわらのみちなが》・頼通《よりみち》の親子です（摂関《せっかん》政治）。

道長と言えば『源氏物語』の主人公光源氏《ひかるげんじ》のモデルとも伝えられる人物です。藤原氏は代々豊富な財力を背景に他氏を排斥（例　菅原道真）。さらに娘を天皇に嫁がせ、皇室と姻戚関係を結ぶというお家芸で、圧倒的権力を手に入れてきました。

道長の場合、何と自分の娘四人を天皇の后とし、皇室への入内《じゅだい》に成功しています。

その道長は、宇治にあった源重信《みなもとのしげのぶ》の別荘を夫人から譲り受け「宇治殿」と名付けました。道長の死後、息子頼通は父親を偲び寺に改装（一〇五二年・万寿四）。名を改め「平等院」としました。

宇治の地名の由来は諸説ありますが、その地形が北・東・南の三方を山に囲われ、西にかつては大きな池があり四方が塞がれていました。このことから「内にある土地」＝「うち」↓「うじ」になったという説もあります。

また、この地は交通の要衝《ようしょう》で、宇治川は南方方面からの京都防衛上の要でしたので、この川を挟み史上幾たびか戦が。中でも一一八四年（元暦元）、木曽義仲《きそよしなか》軍×源義経《みなもとのよしつね》軍の対決は有名で、『平家物語』の中の「宇治川先陣争い」は著名な一節です。

ちなみに「宇治」を漢字に持つ地名は宇治市を筆頭に、全国に二四ヵ所あります。

豆知識

藤原氏が使い始めた「名字」は京都の地名からとった？

第3節で古代大和政権の「氏姓制度」について触れました。「氏《うじ》」は同族中心の集団（氏の名は天皇から与えられるケースも）、「姓《かばね》」は天皇が氏に与えた称号を意味しました（身分・地位を表す）。

壬申《じんしん》の乱（六七二年）を経て、天皇の力がより強化された天武天皇の代になり、新たに「八色《やくさ》の姓《かばね》」を制定。姓を真人《まひと》・朝臣《あそん》・宿禰《すくね》・忌寸《いみき》・道師《みちのし》・臣《おみ》・連《むらじ》・稲置《いなぎ》の八種類に定めました（六八四年）。

ところが、奈良時代後半になると、この制度もしだいに形骸化。なぜなら有力氏族の多くの姓が、事実上最優位の「朝臣」となったからです。この原因は、天皇による朝臣姓の乱発です。

さらに平安時代に入ると、朝廷の重要ポストは「源平藤橘《げんぺいとうきつ》」と呼ばれる四つの氏族によって占められます。中でも藤原氏は時代の経過と共に、朝廷をほぼ独占するようになりました。

こうして、身分・地位を整理する意味での「姓」の役割や機能は意味をなさなくなります。

そうした中で藤原氏の氏族間で、ある問題が発生します。それは、「藤原氏」が多くなりすぎ、同族間での区別が付きにくくなったからです。

そこで平安時代末期に自然発生的に生まれたのが「名字」です。これは他家と自分の家を区別するためのもので、その多くは自分が居住する京都の「地名」から取り名字としました。

藤原氏の場合、「九条《くじょう》・近衛《このえ》・鷹司《たかつかさ》・二条・一条」がその例です。この「名字」は他の公家（貴族）にも同様に広がっていきました。氏姓は公的なものですが名字はあくまで私的なものです。

歴史上の人物名の「氏」か「名字」かの区分は個人名の前に「の」が入るか否かでわかります。

・小野妹子《おののいもこ》・蘇我馬子《そがのうまこ》・紀貫之《きのつらゆき》・平 将門《たいらのまさかど》・源 頼朝《みなもとのよりとも》
・足利尊氏《あしかがたかうじ》・新田義貞《にったよしさだ》（足利も新田も源氏です）

前者が「氏」で後者が「名字」というわけです。

豆知識　衣川

一一世紀後半、陸奥国《むつのくに》の大豪族安倍氏とその討伐のため朝廷より派遣された源 頼義《みなもとのよりよし》・義家《よしいえ》との間で大戦争が勃発（「前九年《ぜんくねん》の役《えき》」、一〇五一年～一〇六二年）。源頼義は劣勢挽回のため出羽国《でわのくに》の清原 武則《きよはらのたけのり》に加勢を懇願。清原氏の参戦で形勢が逆転します。

安倍氏側の重要拠点 衣川《ころもがわ》の館が陥落した瞬間、安倍貞任《あべのさだとう》は単独騎馬で館を飛び出し逃亡を図ります。それを追い詰めた源頼義の子義家は大声で次のように貞任に叫びかけました（左記、現代訳）。

「卑怯にも後姿を見せるものよ。引き返せ、言いたいことがある」と、貞任に連歌を投げかけます。

「衣のたては　ほころびにけり」（下の句）

すると貞任は次のように歌を返したと言います。

「年を経し　糸の乱れの　苦しさに」（上の句）

これは『古今著聞集《ここんちょもんじゅう》』で紹介されている話です。

現場は、現在の岩手県奥州市衣川区付近。

義家が投げかけた「衣のたて」とは、「衣の縦糸」に貞任の拠点「衣川の館」をかけた言葉です。

「館」は「やかた・たち・たて・かん」とも読み、「舘」とも書きます。その意味するところは、「平安時代には国司や郡司の邸宅をさしたが、中期以降、地方土豪の武士化につれて、砦《とりで》など軍備を伴った居所を意味するようになった」とのことです（『ブリタニカ国際大百科事典』）。

こうした武士の「館」は時代と共に改修され、大型化して城郭となったものも多々あります。

「館」を含む地名は全国に三〇〇以上もあり、地域別で見ると東北地方に圧倒的に多く、その他北海道・関東にもこの地名は見られます。

秋田県大館《おおだて》市・千葉県館山《たてやま》市・北海道函館《はこだて》市・群馬県館林《たてばやし》市がその好例です。これら四市の地名の由来を調べますと、時代は別々ですが、いずれも地方の有力な武士の館や砦、城跡から名付けられていることがわかります。

豆知識　奥州平泉

「前九年の役」を源頼義に加勢し、戦いを源氏側の勝利に結び付けたのは出羽国の清原武則でした。戦後、源頼義は安倍氏の支配地域だった陸奥国の支配権を出羽国の清原武則に譲る形で帰京します。その結果、清原氏は奥州《おうしゅう》の覇者となります。

当時、朝廷がこれほど陸奥国にこだわりを持ったのはなぜだったのでしょう。支配権の拡大もありますが、それ以上に、この地域が砂金・駿馬《しゅんめ》・漆《うるし》・和紙の貴重な産地であった点は見逃がせません。

さて、時間は少し経過しますが、清原武則の子武貞《たけさだ》が亡くなった後、奥州で再び内乱が勃発します。契機は、武貞の子供三人による相続争いです。その子供たちとは嫡子《ちゃくし》真衡《さねひら》と家衡《いえひら》・清衡《きよひら》の三人の異母兄弟で、複雑な関係にありました。

この争いに介入したのが、一〇八三年（永保三）、陸奥守《むつのかみ》に就任した源義家です。義家は嫡子真衡の要請に応じ、家衡・清衡を制圧。しかし、肝心の真衡が病死したことから、その所領を家衡・清衡に折半して与えます。

ところが今度は家衡と清衡の間で戦が勃発します。源義家は当事者の一方清衡に加担し、家衡を滅亡させました。この一連のお家騒動を「後三年《ごさんねん》の役《えき》」と言います（一〇八三年～一〇八七年）。

この事件解決により、源義家は清衡に恩を売ることで東国に源氏の基盤を築くことができました。後に清原清衡は姓を藤原と改め、藤原清衡として奥州藤原氏三代「黄金時代」の基礎を築くことに。

その清衡が拠点を置いたのが陸奥国の中央部に当たる「平泉《ひらいずみ》」です。この平泉にあって、かの有名な中尊寺《ちゅうそんじ》金色堂《こんじきどう》を建立したのが清衡その人です（二〇一一年、世界文化遺産に認定）。

後の時代、マルコ・ポーロの『東方見聞録《とうほうけんぶんろく》』に登場するジパングの黄金伝説は、この奥州平泉の中尊寺金色堂がモデルという説もあります。

豆知識　武士の名字と地名

「名字」とは平安時代末期に、藤原氏を中心とする京都の公家（貴族）の間で、他家と自分の家を区別するため、自然発生的に生まれたものです。その多くは自分が居住する京都の地名から取り「名字」としました（六七頁の豆知識参照）。

この風習は、京都の公家からしだいに当時歴史の舞台に台頭しつつあった地方の有力武士の間にも拡大していきます。ただ、武士の「名字」の付け方が公家と少し異なった点は、所有する領地名を名字（家名）としたということです。

これを平氏一族を例に見ていきましょう。

前出の豆知識「兜町」（六五頁）でもご紹介した通り、平氏一族の祖は桓武天皇の孫に当たる高望王から始まります。彼は国司として上総国に就任。その後、帰京せずその地に土着。その後、彼の一族は関東地方一帯に巨大な勢力を築いていきます。

そんな中で起きたのが「平将門の乱」でした。将門は同族の平貞盛《たいらのさだもり》や藤原秀郷《ふじわらのひでさと》らに討たれてしまいますが、この事件の根本的背景には関東在住の平氏一族の内部抗争があったと見てよいでしょう。乱後、この平貞盛は一門を引き連れ関東を離れ、伊勢に移住します。このグループが後に、京都で権勢を振るうことになります（次頁参照）。

ところが、この一門以外の平氏はその後も関東に残留します。これが「坂東八平氏《ばんどうはちへいし》」です。

坂東八平氏は互いの区別を図るため、それぞれの所有する領地名を「名字」として名乗ることになります。これが千葉《ちば》・上総《かずさ》・三浦《みうら》・土肥《どひ》・秩父《ちちぶ》・大庭《おおば》・梶原《かじわら》・長尾《ながお》の「名字」です。この八平氏とは流れを異にしますが北条氏も平氏一族です。

この風習は源氏についても同様で、本家は源義家→源頼朝の流れですが、頼朝の従弟《いとこ》の木曽義仲《きそよしなか》はこのよい例です。源氏では他に、新田・足利・武田・佐竹等の「名字」は特に有名です。

豆知識

六波羅

何となく日本らしからぬこの表題の地名は、今は残ってはいませんが、かつては現在の京都市東区松原町付近一帯を指した地名です。

時代は遡り、一〇世紀前半「平将門の乱」に功績のあった、平貞盛は一門を引き連れ関東を離れ、伊勢に移住します（伊勢平氏）。やがてそこを根拠地に武力・財力を蓄え、都で朝廷に仕え、同時に西国に勢力範囲を拡大していきました。

その貞盛から数えて五代目に当たる平正盛《たいらのまさもり》は白河上皇の寵愛を受け重用され活躍します。その正盛が邸宅を構えたのがこの「六波羅《ろくはら》」の地でした（六波羅殿）。その後、この六波羅は正盛の子忠盛、さらに孫の平清盛へと受け継がれていきます。

その清盛が、源義朝と共に活躍を見せたのが、保元《ほうげん》の乱です（一一五六年）。その三年後、この事件の恩賞をめぐり、源義朝がクーデターを決行。上皇と天皇を内裏《だいり》に軟禁。平清盛は策を練り、上皇と天皇を脱出させ六波羅に移すことに成功。慌てた源義朝は六波羅に戦いを挑みますが敗北し、都から落ち延びることに（「平治《へいじ》の乱」、一一五九年）。

この事件を機に清盛は全盛期を迎えます（伊勢平氏は平家と呼ばれることに）。六波羅の屋敷地は大々的な拡張工事が行われ、平家一門の邸宅が建ち並び、以後の清盛政権の拠点となりました。

六波羅の地名の由来ですが、この地に建てられていた、空也上人《くうやしょうにん》ゆかりの六波羅蜜寺《ろくはらみつじ》からとったというのが有力な説です。六波羅蜜とは仏教用語で、仏教の「六種類の修行」を意味します。

現在、当地には六波羅という地名は残されてはいませんが、六波羅館の総門の脇に平教盛《たいらののりもり》（門脇《かどわき》殿）が屋敷を構えた由縁《ゆえん》で「門脇町」。清盛の継母池禅尼《いけのぜんに》邸宅池殿跡は「池殿町」として残っています。清盛の屋敷泉殿《いずみどの》跡は泉殿町という地名がかつてありましたが、今は三盛町に変わっています。

豆知識　野間

「野間《のま》」の地名は、愛知県知多郡美浜町の大字名として存在します。この地が歴史に名を残すのは、源義朝が凄惨な最期を遂げたことによります。

平治の乱に敗れた源《みなもとの》義朝《よしとも》は、再起を図るべく京を脱出。東国を目指すことになります。

時は、一一五九年（平治元）の年の暮でした。途中、雪深く険しい伊吹山の山中を彷徨。関ヶ原付近で初陣したばかりの義朝の三男頼朝《よりとも》は、吹雪の中はぐれてしまい一行から脱落（当時一三歳）。

義朝一行はやっとの思いで青墓《あおはか》にたどり着きます（現岐阜県大垣市）。ここで一旦休息をとった義朝は、家臣鎌田正家《かまたまさいえ》と渋谷金王丸《しぶやこんのうまる》、そして宿の長者の弟鷲ノ巣玄光《わしのすげんこう》を引き連れ、鎌田の舅《しゅうと》の長田忠致《おさだただむね》（尾張国野間の荘園領主）を頼ることになります。

その後一行は柴船で杭瀬川を下り伊勢湾へ。そこから知多半島を南下し野間海岸に上陸。長田の屋敷へ。到着は年の暮一二月二九日でした。

突然の訪問に驚いた長田忠致・景致《かげむね》親子でしたが、先を急ぐ義朝に正月三が日の逗留を進言。その間、長田親子は義朝を討ち取る策を練ります。

翌年正月三日、運命の朝、義朝は忠致に勧められ湯殿へ、外では金王丸が警護に。しかし、隙を突き長田家臣が湯殿になだれ込み義朝を押し倒し刀で刺し貫きました。絶命間際「せめて木太刀にてもあらば……」と言い放ったという伝承も。

東京都渋谷区に金王八幡宮という神社がありま す。この渋谷の地こそ金王丸の出身の地です。

金王丸のその後ですが、剃髪して仏門に入り、主君義朝の霊を弔ったと伝えられます。

後に、源頼朝は渋谷氏の館に立ち寄り「父義朝に仕えた金王丸の誠忠を偲び、その名を後世に残すべし」と厳命、八幡宮に太刀を奉納。鎌倉の頼朝の館にあった憂忘桜《うさわすれざくら》をこの地に移植させ、金王《こんのう》桜《ざくら》と名付けたとされます（金王八幡宮『社傳記』）。

豆知識　蛭島

「蛭島《ひるしま》」とは、『吾妻鏡』に出てくる、源頼朝が伊豆に配流された場所とされる地名です。残念ながら現在この地名は残されてはおらず、また、その場所も特定されてはいません。

推定地の一つ、静岡県伊豆《いず》の国《くに》市《し》四日町には、蛭が島公園が整備され、石碑が立っています。

一一五九年（平治元）、年の暮れ、平治の乱に敗れた源義朝一行は東国を目指し逃走。一行の中には当時一三歳で初陣したばかりの源頼朝が……。

ところが、運命のいたずらか吹雪の中、関ヶ原付近で頼朝だけが一行から脱落。平家の追手に捕捉され、京の平清盛の元に連れて行かれます。

本来なら、処刑は免れない頼朝でしたが、これも運の強さか、平清盛の継母池禅尼の懇願により、伊豆（現静岡県）に配流されることになりました。その地こそ「蛭島」です（蛭ヶ小島とも）。

「島」とは言え、湿地帯の微高地または川の中州と考えられています。地名の由来も「蛭」がたくさん生息していたことにちなむとするのが一般的です。

ともかく頼朝はこの蛭島で、一四歳から三四歳までの二〇年間の流人生活を送ることになります。しかし、流人の境遇とは言え、監視は比較的緩やかであったと推測されます。

そんな流人頼朝にとって、運命の転機は頼朝の監視役の一人、北条時政《ほうじょうときまさ》の娘政子《まさこ》との出会い、そして結婚だったに違いありません。

北条時政は平氏の一門でしたが、恐らく京都の政治情勢を知る立場の人間でしたので、清和源氏《せいわげんじ》本流の嫡男頼朝に人生を賭《か》けたと考えられます。結果的に、時政の賭けは大当たりとなります。

逆に、平清盛にとって頼朝を伊豆蛭島に配流したことが、平家の命取りとなっていきます。

そうした意味で、「蛭島」とは、日本の歴史を大転換する起点となった場所と言えるでしょう。

豆知識

鹿ヶ谷

「鹿ヶ谷《ししがたに》」は、京都市左京区にある地名です。

地名の由来は、天台宗の高僧円珍《えんちん》がこの地を訪れた際、一頭の鹿が円珍の前に現れ、辺りを案内したという伝承から名付けられたという説が。

この鹿ヶ谷の地名が歴史に華々しく登場するのは、一一七七年（安元三）、この地を舞台に起きた「鹿ヶ谷事件」です。

保元の乱・平治の乱を契機に、平清盛は後白河法皇の厚い信任を得て、一一六七年（仁安《にんあん》二）に武士では初めて太政大臣《だいじょうだいじん》に任命されます。さらに、一一七一年（承安《しょうあん》元）、娘徳子を高倉天皇に嫁がせることに成功。こうして平家は全盛期を迎えます。

ところがこのような平家の急激な台頭に、朝廷内ではしだいに不満が渦巻き始めます。その頃、清盛との関係に亀裂が生じ始めた後白河法皇は、そうした不満を持つ人々を側近として結集し、たびたび密会を開催するようになります。

その密会の会場となったのが、都の名刹法勝寺で執行を務めていた僧都俊寛《しゅんかん》の京都東山鹿ヶ谷の山荘です。密会は回を重ねるごとに、内容はどんどんとエスカレートしていきました。

このような状況に恐れをなしたメンバーの一人多田行綱《ただゆきつな》は清盛に密告。清盛は直ちに関係者を捕え、厳しく処罰（鹿ヶ谷事件）。俊寛は九州の南の果て鬼界ヶ島《きかいがしま》に流罪。孤独な最期を遂げます。

この事件で後白河法皇に処分が及ぶことはありませんでしたが、清盛との対立は決定的なものに。

事件から二年後（一一七九年・治承三）、清盛は遂に法皇を幽閉。翌年、高倉天皇と娘徳子との間に誕生した親王を安徳天皇として即位させます。

この動きに、法皇の第三皇子以仁王《もちひとおう》が反発し、源頼政と謀り、全国の源氏に平家打倒の令旨《りょうじ》を発し、自らも挙兵します（一一八〇年四月）。しかし、あえなく、宇治平等院の戦いで討死にします。

豆知識　富士川

一一八〇年（治承四）四月、以仁王が発した平家打倒の令旨は、その月の内に伊豆の頼朝の元にも届けられます。しかし、頼朝が挙兵したのは三ヵ月後の八月です（この間、頼朝は事態を静観）。

この慎重派頼朝に「これは故下野殿の御首である」と、父義朝の髑髏《どくろ》を手渡し平氏打倒の挙兵を促したと伝えられるのが僧文覚《もんがく》です。頼朝は涙を浮かべ、それを受け取ったとも（『平家物語』）。

ともかく、頼朝挙兵の決意に一番驚いたのは、頼朝の監視役、かつ舅の北条時政だったのかも知れません。しかし、彼は頼朝にすべてをかけます。

頼朝は早速、近辺の豪族に働きかけ、同年八月一七日、伊豆韮山《いずにらやま》で挙兵。ところが思うように軍勢が集結せず、準備不足のまま平家方との戦いに臨み大敗します（「石橋山の戦い」）。

命からがら数名の兵と共に山中を彷徨《さまよ》い、運よく相模湾真鶴岬《まなづるみさき》より海路小船で安房《あわ》（千葉）への脱出に成功。当時の房総には源氏恩顧の豪族が多く、頼朝が再起を選択した理由もここにあります。

その後、頼朝は関東一円の豪族を糾合し、大勢力となって鎌倉入りを果たします。

こうした動きに驚いた平清盛は早速、嫡孫の平維盛《たいらのこれもり》を将とする頼朝討伐軍を京より派遣。頼朝も鎌倉から兵を西進。両軍は富士川《ふじがわ》の下流両岸に陣を構えます（現富士市）。おりもおり、この時、甲斐源氏武田信義の軍勢が頼朝軍に合流します。

一〇月二〇日夜半、武田信義の軍が平家軍の背後に進出を図った時、沼の水鳥が驚き一斉に空に舞いました。この水鳥の羽音を大軍の来襲と誤認した平家軍は総崩れとなり敗走（「富士川の戦い」）。

「一富士、二鷹、三茄子《なすび》」と言えば縁起物の代名詞。中でも富士山は格別です。「富士」の漢字を用いる地名は全国の市レベルで富士市を筆頭に四ヵ所、町・字レベルで一九六ヵ所もあります。

豆知識 倶利伽羅峠

「倶利伽羅峠《くりからとうげ》」は富山県と石川県の境にある砺《と》波山《なみやま》の峠です。地名の由来は、峠に倶利迦羅不動明王を本尊とする倶利迦羅堂があったことによります。倶利迦羅不動明王とは、仏教の守護神不動明王の化身です(元々はインド神話のシヴァ神の別名)。

以仁王が発した平家打倒の令旨は、源頼朝の従弟木曽義仲の元にも届き、義仲もまた信濃(長野)で挙兵。その勢力を北陸道方面に拡大します。

対する平家はこれを阻止するため、平維盛を将とし軍勢を北陸道へ派遣しました。

一一八三年(寿永二)五月一一日、平家軍は、倶利伽羅峠山中に本陣を敷き、義仲の軍勢を待ち構えていました。対する義仲軍は平家軍の動きに合わせ兵を七手に分散配置、夜を待って待機。

その日の夜半、義仲軍は事前に準備しておいた四〇〇〜五〇〇頭の牛の角に付けた松明に点火し、牛を先頭に一斉に平家の陣に突入。この奇襲に平家軍は大混乱し、追い詰められ多くが谷に突き落とされました(「倶利迦羅峠の戦い」)。

この戦いに勝利した義仲軍は、京へ進軍。大軍を失った平家は、防戦のすべもなく安徳天皇を伴って西国へ落ち延びていきました。

戦いから二ヵ月後、義仲軍は入京。後白河法皇はその功を賞し「朝日将軍」の称号を義仲に与えます。こうして義仲は一時的に、西国の平家、鎌倉の頼朝と並び、「天下三分の形勢」を創出。

ところが、入京後の義仲軍は粗暴な行為が目立ち信用を喪失。そこで法皇は、平家追討の院宣《いんぜん》を義仲に与え、都から遠ざけ、同時に鎌倉の頼朝に義仲追討令を出し上洛を促す、という策に出ます。

これを知った義仲は、急ぎ帰京。ところが頼朝の動きは早く、義仲は準備不足のまま頼朝が差し向けた源範頼《みなもとののりより》・義経軍と戦うこととなり敗北(「宇治川の戦い」)。近江国粟津ヶ原《あわづがはら》で戦死しました。

豆知識　源平合戦の戦場「ダンノウラ」は二ヵ所あった？

平家一門は木曽義仲の軍勢に追われ、安徳天皇を伴って、西国へ落ち延びていきました。

その後、平家は頼朝が差し向けた源範頼・義経軍と、兵庫県の「一ノ谷」、香川県の「屋島」、そして山口県の「壇ノ浦《だんのうら》」で戦うこととなります。

各戦場では様々な名場面が生み出され、それが、『平家物語《へいけものがたり》』や『源平盛衰記《げんぺいせいすいき》』等の軍記物で語り継がれることとなります。

さて、ここで皆さんに質問です。源平合戦の主戦場として、「ダンノウラ」という地名が二ヵ所あったことをご存じでしょうか。

漢字で書けば「檀ノ浦」と「壇ノ浦」です。どちらも海岸の地形に名付けられた自然地名です。

行政地名で見ると、木偏の方の「檀ノ浦」は香川県高松市屋島東町字檀ノ浦。土偏の「壇ノ浦」は山口県下関市壇之浦町にあります。

そうです。前者の「檀ノ浦」は、屋島の戦いの戦場になった場所なのです。すなわち、源平合戦の最終戦が下関の「壇ノ浦」の戦い。その一ヵ月前の前哨戦が、屋島の「檀ノ浦」の戦いでした。

屋島はその名の通り元々は島でしたが、現在は南側が四国と陸続きとなっています。合戦当時、この部分が潮の干満で干潟になったり、浅瀬の海になったりしたようです（この地が「檀ノ浦」）。

平家方はこの四国側からの攻撃は予期していなかったようで、義経軍は奇襲によってその弱点をつきました。不意を突かれた平家軍は一斉に船で沖合に逃げ、それが敗北につながりました。

その結果、帰るべき陸地を失い、海に漂うがままとなり、下関「壇ノ浦」での滅亡につながったというわけです（一一八五年・寿永四）。

「おごれる人も久しからず　ただ春の夜の夢のごとし　たけき者もついには滅びぬ　ひとえに風の前の塵に同じ」（『平家物語』）

	古代の主な出来事
古墳時代	3 世紀中頃？　箸墓《はしはか》古墳の造営（日本最古級の前方後円墳）
	5 世紀前半～中頃？　仁徳天皇陵（大仙古墳）の造営（日本最大の巨大古墳）
	527 年　磐井《いわい》の乱（筑紫の豪族磐井の叛乱《はんらん》）
	538 年　仏教伝来 → 崇仏論争（蘇我×物部）→ 587 年　蘇我氏が物部氏を滅ぼす
飛鳥時代	592 年　推古天皇が即位。聖徳太子が国政に参加（翌年，摂政に当たるポスト就任）
	604 年　十七条憲法の制定（前年，冠位十二階を制定）
	607 年　遣隋使派遣（小野妹子）。この頃法隆寺創建
	622 年　聖徳太子死去
	645 年　乙巳《いっし》の変（蘇我入鹿暗殺）→ 646 年　大化の詔《みことのり》（孝謙天皇・中大兄皇子）
	663 年　白村江の戦い
	668 年　天智天皇（中大兄皇子）即位 → 671 年　崩御
	672 年　壬申の乱（大海人皇子 → 天武天皇）。飛鳥浄御原宮へ遷都
	694 年　藤原京へ遷都（持統天皇。日本史上初の条坊制を布《し》いた本格的都城）
	701 年　大宝律令の制定（文武天皇）。国号を「日本」，「天皇」号を法制化
奈良時代	710 年　**平城京**遷都（元明天皇）
	712 年『古事記』編纂（720 年　『日本書紀』編纂）
	713 年　好字二字化令
	741 年　**国分寺**・国分尼寺建立の詔（聖武天皇）
	743 年　墾田永年私財法の制定（← 723 年　三世一身の法）
	752 年　東大寺大仏開眼供養（聖武上皇・孝謙天皇）
	784 年　平城京から長岡京へ遷都（桓武天皇）
	792 年　諸国軍団・兵士の廃止
平安時代	794 年　**平安京**遷都（桓武天皇）。
	797 年　坂上田村麻呂を征夷大将軍に任命
	894 年　遣唐使の廃止（菅原道真）→ 901 年　菅原道真を九州**大宰府**に配流
	935 年～ 承平・天慶の乱（935 ～ 940 年 平将門の乱・939 ～ 941 年 藤原純友《ふじわらのすみとも》の乱）
	1016 年　藤原道長が摂政就任
	1051 年～　前九年の役。源頼義・源義家が**奥州**安倍氏を討つ
	1068 年　後三条天皇即位 → 親政の開始
	1083 年～　後三年の役
	1086 年　白河天皇が 8 歳の善仁皇子に位を譲り，上皇となり院政を開始
	1156 年　保元の乱（後白河天皇×崇徳上皇）。崇徳上皇，讃岐に配流
	1159 年　平治の乱（平清盛×源義朝）。義朝の三男頼朝，伊豆に配流
	1167 年　平清盛が太政大臣となる
	1177 年　**鹿ヶ谷**事件 → 同年　後白河法皇幽閉
	1180 年　以仁王の令旨《りょうじ》（平家打倒の挙兵促す）→ 源頼政・木曽義仲・源頼朝が挙兵
	1181 年　平清盛病死
	1183 年　**倶利伽羅峠**の戦い → 木曽義仲入京（義仲，征夷大将軍＝朝日将軍）
	1184 年　宇治川の戦い・一ノ谷の戦い
	1185 年　屋島の戦い → **壇ノ浦**の戦い（平家一門滅亡）

第三章

中世

——室町時代・鎌倉時代

7 鎌倉

行政地名としての鎌倉は全国に一五カ所あるようですが、ここで取り上げる「鎌倉《かまくら》」は神奈川県鎌倉市のことです。

日本の歴史時代区分では、一二世紀末から一三三三年まで、この鎌倉に幕府が置かれていた時代を「鎌倉時代」と言います。鎌倉という政権の所在地名が時代名の呼名となっています。

幕府の始期については諸説があるようです。

・一一八三年説…東国行政権の承認
・一一八五年説…守護《しゅご》・地頭《じとう》の設置
・一一九二年説…頼朝の征夷大将軍就任

近年は「一一八五年説」が有力です。従来は、室町や江戸時代の始期も同様ですが、初代の征夷大将軍就任をもってその時代の開始としていました。筆者は従来説（一一九二年説）の方が時代の節目として自然のような気がしています。

鎌倉時代の終焉期《しゅうえんき》については、鎌倉幕府滅亡時、一三三三年とすることにほぼ異論はないようです。

鎌倉時代の意義は、政権が貴族の手から武士の手に初めて、かつ確実に移行したこと。この政権が一九世紀中盤まで継続する武士政権の基盤となったこと。この二つではないでしょうか。

では、なぜ、源頼朝はこの「鎌倉」に幕府を開いたのか。この点に関し次の三点が考えられます。

・鎌倉が源頼義・義家以来の「源氏ゆかりの地」であったこと。
・鎌倉が天然の要害であったこと。周囲の三方は山、残る一方は遠浅な海という防衛上の観点から。
・東国武士を都から遠ざけたかったこと。それは、消費生活に埋没し、滅亡した平家の二の舞いを避けたいという頼朝の想いから。

その他、古代から交通の要衝であったこと。飲料水確保という点で優れた土地であること。砂鉄の産地であったことも重要な要素です（武器の製造）。

ともかく、一言で言えば、「清潔で簡素な軍事都市の建設」これこそが、頼朝の描いた理想郷鎌倉の姿だったと考えられます。

さて、「鎌倉」についての地名の話です。

この地名が文献資料の上で初めて登場するのは、『古事記』（七一二年・和銅五）。景行天皇の中で、「鎌倉之別の祖……」と出てくるそうです。

さらに『万葉集』では歌にも詠まれ、万葉仮名で「可麻久良」と表記されています。

鎌倉という地名の由来には諸説あるようです。

伝説的なもの

・神武天皇が東征のおり、敵方の遺体が山となり、現在の鎌倉の山が出来た＝屍《しかばね》が蔵となった。屍蔵《かばねくら》→かまくら説

・藤原鎌足が由比ケ浜《ゆいがはま》で宿を取り、不思議な夢を見て、鎌槍《かまやり》を大蔵の松ケ岡に埋めたことから

地形的なもの

・鎌倉の地形が「かまど」のような形で、倉のように一方だけが開いている説

・アイヌ語のカマクラン（山を越していく）または、カーマ・クラ（平板な石の山）説

（鎌倉市ホームページより）

地名というものは、先人が後世の人々に伝えたい何かの教訓を残している場合が多々あるようです（特に自然災害等）。

地形の研究者遠藤宏之氏によると、「カマ」は「津波によって湾曲型に浸食された地形を表す」場所に用いられるケースが多いとのこと。

筆者の故郷、岩手県釜石市は東日本大震災で、津波による甚大な被害を被りました（過去にも）。釜石の地形はリアス式海岸で、周囲が山に囲まれ、一方だけが海に開いています（鎌倉と酷似）。

鎌倉市も歴史上幾度かの大地震の後、津波の襲来を受けている土地柄です。鎌倉の「鎌」と釜石の「釜」。その地名の共通点に、筆者はその由来のヒントが隠されているような気がしてなりません。

豆知識　奥州平泉　その二

日本の歴史の中で、奥州平泉が脚光を浴びるのは、後三年の役で勝利した清原清衡が藤原と氏を改め、当地を拠点に黄金時代の基礎を築いた時期。そして、源義経がこの地で最期を遂げ、源頼朝による「奥州征伐」で奥州藤原氏が滅亡を迎えた、その時ではないでしょうか。

一ノ谷・屋島・壇ノ浦と平家滅亡の最大の功労者となった源義経でしたが、許可なく官位を受けたことなどの問題で兄頼朝の怒りを買います。やがてそれが頼朝の不信感につながり、兄弟間の確執は後戻りできない状態となりました。

義経は院に「頼朝追討の院宣」を出させ挙兵するも失敗、逃避行へ。頼朝はそれを逆手にとり院に「義経追討の院宣」を出させます。また、義経追捕《ついぶ》を理由に、全国の守護・地頭の設置を認めさせました（「文治《ぶんじ》の勅許《ちょっきょ》」、一一八五年・文治元）。

平家を滅亡させた頼朝にとり、次なる残された課題は、いまだ奥州平泉で巨大勢力を維持し続ける奥州藤原氏への対抗策でした。

さて、逃亡者源義経はどこに向かったか。言わずもがな、義経の居場所は、彼を少年～青年時代に至るまで庇《かば》い続けてくれた奥州藤原氏しかなく、逃避行の末やっとの思いで平泉にたどり着きました。

三代当主藤原秀衡は、奥州藤原氏存続のための大切なカードとして義経一行を歓迎し、頼朝の再度にわたる義経探索協力の要求を拒み続けます。

おりもおり、三代秀衡が病死するや、四代目泰衡は鎌倉からの要求に屈し、義経が居住する衣川館《ころもがわのたち》（高館《たかだち》）を襲撃。義経と妻子、彼の主従を自害へと追いやりました（現岩手県西磐井郡平泉町高館）。

義経の首は鎌倉の頼朝の元に届けられましたが、これを奥州藤原氏を討つ好機と捉えた頼朝は大軍を奥州に派遣（「奥州征伐」）。藤原氏を滅亡させ全国統一を成し遂げました（一一八九年）。

豆知識　修善寺

全国には「寺」の漢字を含む行政地名は二七三〇ヵ所以上あります。大阪市天王寺区や東京都国分寺市、福井県吉田郡永平寺町がその好例です。

題名の「修善寺《しゅぜんじ》」は、全国的に有名な修善寺温泉の名前の由来にもなっている、静岡県伊豆市修善寺に所在する曹洞宗のお寺です。

このお寺が歴史に名を残した出来事こそ、鎌倉幕府二代将軍であった源頼家の暗殺事件です。

源頼朝は「奥州征伐」（一一八九年）を終え、実質的に全国を武力統一。その三年後の一一九二年（建久三）、念願の征夷大将軍に就任します。

その頼朝ですが一一九八年（建久九）暮れ、相模川の橋供養に参列した帰路に落馬（脳梗塞《のうこうそく》か？）。翌年一一九九年一月、波乱の生涯を閉じました。

頼朝の急死に伴い、嫡男頼家が二代将軍に就任（一八歳）。しかし頼朝の子育ての甘さが仇《あだ》となり御家人《ごけにん》を統率する力量に欠け、やがて有力御家人の失望を買うことになります（母政子との対立も）。

また、これと並行し、幕府内では将軍頼家を擁する比企能員《ひきよしかず》（妻は頼家の乳母。娘若狭局《わかさのつぼね》は頼家の側室）と北条時政との対立が激化します。

おりもおり、頼家は大病を患い、北条氏による将軍の位を弟実朝《さねとも》に譲る動きが。しかし頼家は病を克服し、比企氏と組み北条氏打倒の動きを見せます。

この動きを察した北条時政は先手を打って比企能員を暗殺。比企一族を滅ぼします。そして頼家を修善寺に幽閉後、風呂場で殺害します。

翌年一二〇三年（建仁三）、三代将軍に頼家の弟実朝が就任。北条時政は初代執権（将軍の補佐役）となります。ところが、一二一九年（承久元）、その実朝を、鶴岡八幡宮で頼家の子公暁《くぎょう》が暗殺。

その公暁を陰で操った黒幕は誰なのか。すべては歴史の闇の中です。しかし、その後の歴史は北条氏が描く世界の中で動いていくこととなります。

豆知識

隠岐の島

島根県の隠岐《おき》は『古事記』にも登場する古い歴史を持った島です。島名は沖に浮かぶ「沖ノ島」がその由来です（島根県隠岐郡が行政地名です）。

歴史的に「隠岐の島」は政治犯の配流の地として知られ、後鳥羽上皇や後醍醐天皇のような有名な人物も流人として島に送られました。

源頼朝の死後、北条時政は謀略家としての本領を発揮し始めます。二代将軍頼家を廃し三代将軍に実朝を擁立。初代執権とし幕府の実権を掌握し、北条氏の対抗馬となり得る有力御家人（梶原氏・比企氏・畠山氏）を次々と滅ぼしていきました。

その後の時政は、政子・義時との間で親子対決を引き起こし、敗れて隠居・出家に追い込まれます（「牧氏《まきし》の変《へん》」、一二〇五年・元久二）。

時政失脚後、二代執権に北条義時が就任。北条氏の独占傾向が徐々に強まっていきました。

一二一三年（建保元）、義時が有力御家人和田氏を滅亡させたこと、さらに一二一九年（建保七）の将軍実朝暗殺で御家人の間に動揺が広がります。

これを政権奪還のチャンスと捉えたのが後鳥羽上皇で、倒幕計画を練り諸国に兵を募り挙兵。この日本史上初の朝廷と武士の対決を「承久の乱」と言います（一二二一年・承久三）。

この時、鎌倉に結集した動揺する御家人たちを奮い立たせたのが尼将軍北条政子の大演説です。結果、総大将北条泰時（義時の嫡男）率いる幕府軍は京へ攻め上り上皇軍に大勝します。

戦後処理は厳しく後鳥羽上皇は隠岐、土御門《つちみかど》上皇は佐渡《さど》、順徳上皇は土佐《とさ》に配流となりました。

乱後、幕府は京都に六波羅探題《ろくはらたんだい》を設置、朝廷を監視下に。これにより幕府の絶対的優位が確立し、幕府の力は全国に及ぶようになりました。

その後、三代執権に就任した北条泰時は『御成《ごせい》敗式目《ばいしきもく》』を制定。執権政治の確立に努めました。

豆知識　博多

「博多《はかた》」は古代より、大陸・朝鮮半島との外交・文化交流拠点で、平安以降はこれに貿易も加わり、日本の表玄関として重要な役割を担ってきました。

博多の名称は『続日本紀《しょくにほんぎ》』の七五九年（宝字三）の項に、「博多大津」と記されているのが初見。

その語源は「土地博《ひろ》く、人や物が多く集まる」説や「鳥が羽を伸ばしたような地形＝羽形↓博多」説など、諸説あります。

この表玄関博多に、日本史上初めて海外からの軍事的脅威が訪れたのが、「元《げん》の襲来」です。

日本で二代将軍源頼家が伊豆修善寺で暗殺された頃、ユーラシア大陸ではチンギス・ハンがモンゴル帝国を建国しています（一二〇六年）。

その孫フビライ・ハンが東アジアに「元」を建国したのが、一二七一年のこと。彼は領土拡大を図り南下を開始。中国の南宋に触手を伸ばします。その第一歩として、朝鮮半島の高麗を支配下に。

ところが南宋征服は思うようにはかどらず、力づくから、南宋と関係の深い周辺諸国の懐柔作戦に切り替え、白羽の矢が日本に立ちました。

そして、元の皇帝フビライは日本に朝貢という形での服属を求めて来ます。対する鎌倉幕府はこれを拒否し続けました（八代執権北条時宗）。

懐柔失敗と判断したフビライは、一二七四年（文永一一）、蒙古《もうこ》・高麗連合軍を派遣（九〇〇艘《そう》・兵員二万八〇〇〇）。対馬・壱岐を攻略後、博多湾に上陸し、博多の町を焼き払います。

初めての外来軍との戦闘に戸惑う日本側は防戦一方で、大宰府まで兵を後退させます。元側も日本側の夜襲を恐れ、その日は船に退却します。

ところが翌朝、博多湾に浮かんでいたはずの蒙古軍船舶は忽然《こつぜん》と姿を消します。暴風雨による引き揚げ説が有力です（未帰還者一万三五〇〇余人とも）。この大事件を「文永《ぶんえい》の役《えき》」と言います。

豆知識　多々良浜

「多々良浜《たたらはま》」という自然地名は、横須賀市や防府市にもありますが、ここで取り上げる多々良浜は九州福岡市の博多湾に広がる海岸線のことです。

「多々良」という地名ですが、「タタラ」すなわち、「足で踏んで空気を送る鋳物用《いものよう》のフイゴ」が語源という説が有力です。

博多湾の多々良浜に関して言えば、この浜に注ぐ「多々良川の川砂から砂鉄が取れたため、古くから大陸渡来の鋳物工がここで鋳物を作っていた」ことが地名の由来という説もあります。

「タタラ」と呼称する地名は全国各地にあり、「砂鉄」産地や古式の「製鉄場」に関連している場合が多いことを、その道の研究者は指摘します。

さて、博多湾の多々良浜ですが、この多々良浜こそ、前頁で述べた「文永の役」での元《げん》軍の上陸地点でした。

そこで鎌倉幕府は元軍の再来を予想・警戒し、先回の教訓を生かし、多々良浜を始めとする博多湾の海岸線の水際一帯に防塁《ぼうるい》（石築地《いしついじ》）を構築。

この防塁の規模は高さ約一・八m、幅も同程度で、総延長はおよそ二〇㎞にも及びました。

そして、一二八一年（弘安四）六月、蒙古・高麗軍の先発隊四万が博多湾に襲来。戦闘は日本側の奮闘で、二ヵ月間も膠着《こうちゃく》状態が続きました。

これは日本側の奮闘はもちろんですが、海岸線の防塁構築によるところも大で、日本側は元軍の上陸を阻止。水際作戦は大成功しました。

八月、後発隊一〇万の旧南宋軍が合流。一四万の大軍団となり上陸作戦のため再編成されます。

ところが、作戦決行の直前の旧暦七月一日（現八月二三日）巨大な暴風雨が北九州に襲来します。結果、一夜にし元軍約四〇〇〇隻《せき》の船は海の藻屑《もくず》となり、人員の約八五%が喪失したとも言われます。この二度目の戦いを「弘安《こうあん》の役《えき》」と言います。

豆知識　笠置山

岐阜県恵那《えなし》市にも同名の山がありますが、ここで取り上げる「笠置山《かさぎやま》」は、京都府相楽郡《そうらくぐん》笠置町にある標高二八八ｍの山です。奈良時代から弥勒《みろく》信仰の山として知られ、鎌倉時代には山頂に笠置寺が建立されました（桜・紅葉の名所として有名）。

地名の由来は、天武天皇が皇子の頃、鹿狩りの途中、山中の岩上で進退きわまり、仏に祈念して難を脱し、後日の目印にと笠を置いたという伝説からとのこと（現地看板の解説）。

笠置山を歴史上有名にしたのは、一三三一年（元弘元）、後醍醐天皇が京からこの地に逃れて、鎌倉幕府に対し挙兵したことです（「元弘《げんこう》の変《へん》」）。

二度の元の襲来を阻止した鎌倉幕府でしたが、相手が外国侵略軍でしたので、奮闘した御家人に褒美を与えようにも与える物はありませんでした。

他方、御家人も褒美を見越し、借金してまで参戦しても何も得るものはなく、これは「御恩・奉公」のシステムそのものの崩壊を意味しました。これに幕府の失政も加わることになります。

この状況下で登場したのが、後醍醐天皇です。天皇は親政《しんせい》による政治改革を目指しますが、最大の障害が鎌倉幕府であることを痛感。そこで近臣と共に倒幕計画を進めますが失敗（「正中《しょうちゅう》の変《へん》」）。

それにもめげず、再び倒幕計画を進めます。ところが密告により挫折。天皇は一旦、東大寺に逃れ、さらに笠置山に立《た》て籠《こ》もります。

しかし、笠置山は幕府包囲網に耐えきれずに陥落し、後醍醐天皇は捕えられます。左の歌は天皇が山中を彷徨中に詠《よ》まれたものです。

指《さし》て行《いく》　笠ぎの山を　出《い》でしより
　天《あめ》が下には　隠家もなし

当時の天皇の心境がよく表現された一句です。

一三三二年（元弘二）、隠岐に配流されることとなりました（「元弘の変」）。

豆知識　千早赤阪

この地名は大阪府南河内郡千早赤阪村《みなみかわちぐんちはやあかさかむら》のこと。

鎌倉時代末期この地を拠点に、後醍醐天皇に応じ、反幕府の烽火《のろし》を上げたのが楠木正成《くすのきまさしげ》です。

一三三一年（元弘元）、後醍醐天皇は笠置山に逃れ挙兵。この時、天皇の召喚に応じ、いち早く笠置山に駆けつけたのが楠木正成です。

彼は幕府から「悪党楠兵衛尉《あくとうくすのきひょうえのじょう》」としてマークされ追及を受けており、とうとう河内赤坂城で挙兵。幕府の大軍を一手に引き受けることになります。

この戦闘において楠木軍は巧みな戦術を駆使。城外に伏兵を忍ばせゲリラ戦を展開。攻め寄せる幕府軍が城の塀をよじ登ると、二重造りの外塀を繋ぐ縄を突然切り落とし、外塀は敵兵と共に落下（釣塀《つりべい》の罠《わな》）。城に侵入を試みる敵兵に対しては巨石・巨木・熱湯を浴びせ、幾度もこれを撃退。食料が少なくなるや、闇に紛れ赤坂城を放棄。忽然と姿を隠しました（『太平記』）。

幕府軍包囲網を脱出した正成は、その後、和泉河内の各地に出没。幕府軍を悩ませた挙句、赤坂城の近く、金剛山の要害千早城に籠城《ろうじょう》します（一三三三年・元弘三、二月～五月）。

ここでも楠木軍は孤軍奮闘しながら、幕府軍の猛攻に耐え続け、奇計・奇策を用い幕府軍を翻弄し、諸国の反幕府勢力の挙兵を促しました。

こうして、楠木軍が時間を稼いでいる間、後醍醐天皇は隠岐からの脱出に成功。倒幕の機運は、一気に盛り上がりを見せます。

そんな中、幕府の有力御家人足利高氏《あしかがたかうじ》に西国征伐の幕命が下ります。その高氏の元に隠岐脱出に成功した後醍醐天皇から勧誘がきます。それを受け、高氏は幕府を離反。五月七日、六波羅探題を攻撃、壊滅させました。

こうした高氏の功績に対し、後醍醐天皇は諱《いみな》尊治《たかはる》の一字を彼に与え高氏は尊氏に改名します。

豆知識　稲村ケ崎

「稲村《いなむら》ケ崎《がさき》」は鎌倉の由比ケ浜の西南、七里ケ浜の東側にあり、この両海岸を分ける相模湾に突き出た岬です。地名の由来は稲を積み重ねた形に似ているところからきているという説があります。

　鎌倉は南が海、北と東西は山に囲まれた天然の要害です。その鎌倉を取り囲む山々の西端の波打ち際に切り立った崖の岬、そこが稲村ヶ崎です。

　この岬を歴史上有名にしたヒントが次の歌詞にあります（明治二三年、尋常小学校唱歌『鎌倉』）。

　七里ケ浜の　磯づたい　稲村ケ崎　名将の
　剣《つるぎ》投《とう》ぜし　古戦場

　ここで言う「名将」こそが、新田義貞《にったよしさだ》です。

　新田義貞は上野国新田荘《にったのしょう》（現群馬県太田市）を領した新田氏八代当主です。新田氏と足利氏の先祖は同族でした（源義家《みなもとのよしいえ》の四男義国《よしくに》の長男義《よし》重《しげ》→新田氏、義国の次男義康《よしやす》→足利氏）。

新田氏は足利氏と同じ幕府御家人でしたが頼朝の挙兵時、協力要請を断ったことから、開幕後は、足利氏の格下扱いを受け続けてきました。

　そんな新田義貞の元に後醍醐天皇の綸旨《りんじ》が届いたことで義貞も倒幕の挙兵をします（足利高氏が京都で六波羅探題を陥落させた翌日のこと）。

　挙兵時、わずかな兵力だった義貞軍も軍を進めるに従いその数を増大。幕府軍を各所で撃破し、わずか二週間で鎌倉を包囲。部隊を三分し攻撃。しかし天然の要害鎌倉の守備は固く突破できません。

　そこで軍勢を立て直し、七里ケ浜側から稲村ケ崎の磯づたいに兵を進め、鎌倉を陥落させました。

　その時、義貞は黄金の太刀を海に投じ、龍神がそれに応じたことで大きく潮が引き、磯の砂浜づたいに鎌倉になだれ込んだと言われます。これが唱歌『鎌倉』の歌詞の意味するところです。

　こうして一三三三年（元弘三）五月二二日、鎌倉幕府は一四〇年間の歴史に幕を下しました。

8　二条富小路

京都市中京区鍛冶屋町に「二条富小路内裏址《にじょうとみのこうじだいりあと》」と刻まれた石碑が立っています。

この石碑は、後醍醐天皇が配流先の隠岐から帰洛し、鎌倉幕府を倒して後、「建武《けんむ》の新政《しんせい》」を開始した二条富小路内裏の跡地を示しています。

京都（平安京）の町割りは「条坊制《じょうぼうせい》」が取り入れられています。南北の大路（坊）と東西の大路（条）が通され、その大路に囲まれた約五四〇m四方の区域を「坊」と呼びました。

当時の都の北端に造られた通りが一条通りです。二条はそこから南に一つ下った通りということになります。また区域「坊」には縦と横にそれぞれ小路が通され、「富小路」も南北＝縦に通された小路の一つでした。

富小路の由来ですが、その地に藤原北家《ふじわらほっけ》九条家の分家筋に当たる富小路家が屋敷を構えていたからという説があります。しかし、筆者はその逆で、富小路という小路名が先にあり、その地に屋敷を構えたことから富小路家と名乗ったと見ます。

当時の富小路通は、現在「麩屋町通《ふやちょうどおり》」と通り名が変更に（理由は不明）。麩屋町の語源は「麩を商う店が集まっていたため」と言います。

ここからが少し複雑な話ですが、全く別の場所に現在、「富小路通」という通りがあります。これは、一五九〇年（天正一八）、豊臣秀吉の京都改造計画により開かれた通りです。

さて、一三三三年（元弘三）、配流先の隠岐から京都に戻った後醍醐天皇は、翌年（建武元）一月より、二条富小路内裏で「建武の新政」を開始します（「建武の中興」とも言われます）。

「建武の新政」の目標とするところは「延喜《えんぎ》・天暦《てんりゃく》の治《ち》」の時代に政治体制を戻すということです。延喜＝醍醐天皇の時代・天暦＝村上天皇の時代。両時代の共通点は「天皇親政」という点でした。

後醍醐天皇がいかにこの時代に憧れを抱いていたか、それは天皇の諡号《しごう》からも察することができます。本来、天皇の諡号は後世の人が天皇の崩御後に贈ります（第6節豆知識、六〇頁参照）。ところが、後醍醐天皇は醍醐天皇の治政を理想としたため、生前に遺言し、その名が贈られたと言われます。

　しかし、従来の伝統にとらわれない天皇親政や、家柄を無視した人材登用は貴族の不満を買います。また、公家優先の論功行賞や、従来の領有権は改めて天皇の公認を必要とする政策、皇居造営のための課税の強行も武士の不満を買いました。そして新政への期待は失望へと変わっていきます。

　こうした中、一三三四年（建武元）八月のこと、二条富小路内裏付近の鴨川にかかる二条大橋付近の川原に、次のような「落書《らくしょ》」が掲げられました。

※落書＝政治・社会を批判した匿名《とくめい》の文書。

「この頃都で流行《はや》っているものは、夜討《ようち》・盗賊・偽の綸旨《りんじ》・囚人《しゅうじん》・急使の早馬・理由のない騒動・生首・還俗《げんぞく》する者・勝手に僧侶になる者・急に大名に取り立てられる者・落ちぶれ路頭に迷う者・本領安堵の処理・恩賞の処理・恩賞欲しさに虚偽の戦争を申し立てる者・本領安堵を求める訴訟人・彼らの文書の入った細いつづら……」と続きます。

　この落書は『二条川原の落書』と呼ばれ、当時の大混乱する政治・社会の様子をものの見事に風刺した、「建武の新政」を痛烈に批判した文書です。

　やがて、こうした「新政」や後醍醐天皇に失望した武士たちは、新たなリーダーを求め始めます。

　そんなおりもおり、鎌倉幕府最後の執権北条高時の子時行《ときゆき》が挙兵。鎌倉を占拠する事件が勃発しました（「中先代《なかせんだい》の乱《らん》」、一三三五年・建武二）。

　この時、鎌倉防衛の任に就いていたのが足利尊氏の弟直義《ただよし》（彼は鎌倉を脱出）。京にいた尊氏は乱鎮圧のため兵を結集。天皇に征夷大将軍の位を願い出ますが認可されず、やむをえず勅許なしで鎌倉に進軍。乱を鎮圧し、鎌倉を奪還しました。

豆知識　竹之下

「竹之下《たけのした》」という地名は、静岡県駿東郡《すんとうぐん》小山町にある字名です。JR御殿場《ごてんば》線足柄《あしがら》駅の周辺と言った方がわかりやすいと思います。地名の由来は足柄山の「岳《たけ》の下」→「竹之下」という説が一般的。

この地名が歴史に名を残すのは「箱根・竹之下の戦い」(一三三五年・建武二)です。この合戦は、建武の新政崩壊の序幕とも言うべき歴史的意味を持つ極めて重要な戦いでした。

中先代の乱を鎮圧し、鎌倉を奪還した足利尊氏でしたが、この報を受けた後醍醐天皇は、尊氏の位を従二位《じゅにい》に引き上げ、帰京命令を出します。

ところが尊氏は鎌倉に留まり続け、自分に協力した武士たちに独自の恩賞を与えました。

こうした尊氏の行為を朝廷への謀反《むほん》として天皇は新田義貞に尊氏討伐を命じ、新田軍は鎌倉を目指し東進します。これを知った尊氏は「朝敵」になることを恐れてか、戦いは弟直義に任せ、自分は浄光明寺《じょうこうみょうじ》に入り出家隠遁《しゅっけいんとん》します。

他方、弟直義は東海道を下る新田軍を三河・遠江《とおとうみ》・駿河で迎撃するも連敗。ところが敗戦の報を受けても尊氏の態度は変わらないため、周囲の者が、「たとえ隠遁しても、その罪許さず」といった文面のニセ綸旨を作成。これを見せられた尊氏は、やっと出陣の決心を固めたとか(『太平記』)。

鎌倉を出発した尊氏は弟直義と合流せず足柄峠に陣を張ります(直義は箱根峠へ)。新田軍も二手に分かれ、ほぼ同時に両軍は激突(「箱根・竹之下の戦い」)。尊氏は足柄峠を下り竹之下で激戦展開。

この戦いで大勝した足利尊氏は、その勢いをかって一挙に京へ攻め上ります。この時、後醍醐天皇は難を逃れるため比叡山に逃れます。

こうして一旦入京した尊氏ですが、北畠顕家《きたばたけあきいえ》や新田義貞・楠木正成の軍に攻められ形勢が逆転。止む無く海路九州に逃れることとなりました。

豆知識　多々良浜　その二

第7節、元《げん》の襲来でも紹介した福岡市の博多湾に広がる「多々良浜」（八六頁）ですが、足利尊氏に関連し再び歴史の舞台に登場することになります。

一三三六年（建武三）、京とその周辺での戦いで、後醍醐天皇側に敗れ播磨《はりま》まで退いた足利尊氏は、播磨国守護赤松則村《あかまつのりむら》（円心《えんしん》）に助けられます。

その際、赤松は尊氏を「天皇軍と戦っては朝敵と同じ。戦には『錦の御旗《みはた》』が必要」と説得。前天皇の光厳《こうごん》上皇の院宣《いんぜん》があれば朝敵とはならないと説いたとか。尊氏は早速、上皇に使者を派遣。

その上で、赤松の助言で再興を賭《か》け海路九州へ。また、配下の武将を中国・四国各地に派遣するなどし、将来への布石を打ちます。

途中、立ち寄った備後《びんご》・鞆《とも》の津《つ》で尊氏は光厳院からの院宣を受け取り、晴れて上皇の命令という『錦の御旗』を掲げ、九州を目指します。

尊氏は赤間の関（現山口県下関市）に到着すると肥前国守護少弐頼尚《しょうによりひさ》の出迎えを受け、芦屋《あしや》の津《つ》（現福岡県遠賀郡《おんがぐん》芦屋町。他説あり）に上陸しました。

一三三六年（建武三）三月二日、現在の福岡市東区を二分する多々良川を挟んで、足利軍は九州最大の後醍醐派の肥後国守護菊池武敏《きくちたけとし》始め九州諸豪族の連合軍と対峙《たいじ》します。

足利軍は各地に軍を置いてきたこともあり、軍の数では菊池軍に比べ圧倒的に少数でした。そして両軍は衝突、菊池軍優勢のまま乱戦となります。

ところが、尊氏・直義兄弟の連携が功を奏し、足利軍は善戦します。優勢のはずの菊池軍は日和《ひより》見《み》や寝返りする者が続出。結果、形勢は逆転し足利軍は勝利しました（「多々良浜の戦い」）。

尊氏はこの一戦を契機に、九州武士団の信望を集め九州のほぼ全域を勢力下に収めます。

勢いに乗る彼は、再び態勢を立て直し、東上を開始。三ヵ月後には京都奪還に成功します。

豆知識　摂津湊川

摂津国《せっつのくに》湊川《みなとがわ》は現在の兵庫県神戸市兵庫区湊川町を流れる川です。この川が歴史に名を残すのは、一三三六年（建武三）五月の「湊川の戦い」です。

湊川の「湊」という漢字は、元々は「川・海などの水の出入り口」を指した言葉です。『記紀』では「水門」と表記。それが「海が陸地に入り込んで船の停泊に適した場所」の意味になったようです。

一三三六年（建武三）四月、足利尊氏は再上洛を目指し九州から東上を開始します。

時の動きを冷静に判断した楠木正成は、後醍醐天皇に尊氏との和睦を進言。しかし、これに対し、朝廷が耳を傾けることはありませんでした。その間、新田義貞を播磨の赤松円心討伐に向かわせます。

刻々と尊氏軍が迫りくる中、再度、正成は朝廷を一時京都から退避させ、京で尊氏軍を迎撃する作戦を天皇に上奏。しかし、朝廷はこの案も却下。それどころか正成に謹慎を言い渡します。

ところが、赤松討伐に向かった新田軍は敗北。摂津国湊川で軍の立て直しを図ります。そして、いよいよ事態が緊迫すると、正成に出陣命令が。

戦地に向かう途中、桜井（大阪府）で正成は息子正行《まさつら》と対面。同行を懇願する正行の願いを許さず「汝《なんじ》は残って最後まで忠義を貫け」「老いた母の元に帰れ」と河内に戻します（『太平記』桜井の別れ）。

湊川で楠木軍は本隊新田軍と合流。最前線に陣を張ります。足利軍は軍を二手に分け、陸上を弟直義軍、海上を本隊の尊氏軍が進撃してきます。

ところが戦が開始されると、海上の尊氏軍の動きを警戒した新田軍が戦場から離脱。最前線の楠木軍は背後から上陸した足利本隊に取り囲まれ孤軍奮闘。六時間の激闘の末壊滅。深手を負った正成は弟正季《まさすえ》と共に農家の小屋で自刃《じじん》（「湊川の戦い」）。

尊氏は正成の死を惜しみ、首を丁重に家族の元に届けたと伝えられます。

豆知識　吉野

奈良県吉野《よしの》郡吉野町吉野山に、後醍醐天皇陵がうっそうと茂る緑の中に残されています。

「湊川の戦い」で結果的に楠木正成を見捨て、戦線離脱した新田義貞でしたが、途中引き返し足利軍と生田で激戦を繰り広げるも壊滅します。

その後、義貞は京都に敗走。時同じく京都から撤退する後醍醐天皇護衛として比叡山に同行します。

足利尊氏は入京後、都を制圧。後醍醐天皇が退位しないままに、光厳上皇の弟豊仁親王《とよひとしんのう》を践祚《せんそ》(皇嗣が天皇になること)させ、光明天皇とします。

その年(一三三六年・建武三)一一月、尊氏は後醍醐天皇と和睦。その際、新田義貞は恒良《つねよし》・尊《たか》良《よし》親王を伴い北国《ほっこく》敦賀《つるが》の金ヶ崎城へ落ち延びます。

比叡山下山後の後醍醐天皇は、三種の神器を光明天皇に譲渡後は、太上天皇《だいじょうてんのう》の尊号が贈られます。さらに皇太子には後醍醐の皇子成良《なりよし》親王が立てられました。

ところが、後醍醐はその年一二月、軟禁先である花山院を脱出し、奈良の吉野に逃れます。

そして後醍醐は、光明天皇に譲渡した三種の神器は偽物とし、自分こそが正当な天皇と主張し、吉野に朝廷を開きます(南朝。京都は北朝に)。

ここに日本歴史史上初、同時代に二人の天皇が並立するという時代が出現します(南北朝時代)。

後醍醐天皇は、諸皇子を各地に派遣し、地方の武士の喚起を促します。これが、南北朝時代混乱の一大原因ともなります。しかし、事は思うように運ばず、孤立を深める中、一三三九年、義良《のりよし》親王に譲位(後村上天皇)。同年、五二歳で崩御します。

　玉骨《ぎょっこつ》は縦《たとい》　南山(吉野)の苔に　埋《うず》まるとも
　魂魄《こんぱく》は常に　北闕《ほっけつ》(京都)の天を望まんと思う

右は失意の中、出された後醍醐天皇の遺勅の抜粋です(『太平記』)。凄まじいまでの京都奪還への魂の叫びを感じさせられる一文です。

9 室町

鎌倉時代に続く時代が「室町《むろまち》時代」です。しかし、そもそも「室町」というのは、三代将軍足利義満《よしみつ》が京都室町に建設した邸宅の所在地です。

義満が、この室町に幕府を置いたことから、初代尊氏《たかうじ》・二代義詮《よしあきら》含めて足利氏の幕府を室町幕府、その統治下の時代を「室町時代」と呼びます。

また、室町時代約二四〇年間の初めの五七年間を南北朝時代、後半の約一〇〇年間を戦国時代と呼び、これらの時代と室町時代を併存させています。

足利尊氏は一三三六年（建武三）五月、入京後、都を制圧。同年一一月、全一七箇条からなる建武《けんむ》式目《しきもく》を出し、基本政策方針として示しました。

そして二年後の一三三八年（暦応元）、北朝から征夷大将軍に任命されました。

室町時代の開始ですが、実質的に尊氏が政権を握った一三三六年とするか、征夷大将軍に任命された一三三八年とするか、鎌倉時代同様、二説あります。一般的には前者の方が優勢です。

さて、素朴な疑問ですが、足利幕府が「室町」に置かれたのが三代義満からとすれば、初代尊氏は京都のどこに幕府を開いたのでしょうか。

そのヒントが、京都市中京区柊町にある京都府保健事業協同組合会館入り口前の植え込みに立てられた「足利尊氏邸・等持寺《とうじじ》跡」の石碑です。この会館の前の通りを高倉通と言います。

尊氏が入京後屋敷を構えたのがこの地で、「二条高倉第」と呼ばれ、政務も同時に行われました。

つまりここが「室町幕府の発祥地」と言ってもよい場所で、地名に「京都市中京区二条高倉」として、現在もその名を残しています。

当時の屋敷の規模は、二条大路、三条坊門小路《ぼうもんこうじ》（御池通《おいけどおり》）、万里小路《までのこうじ》（柳馬場通《やなぎのばんばどおり》）、高倉小路に囲まれた南北約二五〇m・東西約一二〇mの広大な敷地を占めていたようです。

そして、「二条高倉第」から清浄華院《しょうじょうけいん》を挟んで南側に、弟直義《ただよし》の屋敷「三条坊門第」があり、こちらにも幕府の機能が置かれていました。

尊氏の死後、幕府の機能が他の場所に移されてから、この地は等持寺という足利家の菩提寺となり保護されました（「応仁の乱」で焼失）。

この屋敷の配置からもわかるように、初期の室町幕府では、足利尊氏と弟直義による二頭政治が行われていました。

ともかく、室町時代前半は南朝と北朝が抗争に明け暮れ、諸国の武士も各自の都合で南朝・北朝に分かれ領地争奪戦を繰り返していました。

特にこの時期初めの足利幕府は、南朝の中心的武将との戦いにエネルギーを消費しました。

・一三三八年（暦応元）五月、和泉国石津《いずみのくにいしづ》の戦い。
北朝 高師直《こうのもろなお》×南朝北畠顕家《きたばたけあきいえ》（戦死）
・一三三八年（暦応元）七月、越前国藤島《えちぜんのくにふじしま》の戦い。
北朝斯波高経《しばたかつね》×南朝新田義貞《にったよしさだ》（戦死）
・一三三九年（暦応二）八月、後醍醐天皇崩御
・一三四八年（貞和四）一月、河内国四条畷《かわちのくにしじょうなわて》の戦い。北朝高師直×南朝楠木正行《くすのきまさつら》（戦死）

これらの戦いで、南朝方の主だった武将が戦死。動乱は、北朝方に有利に展開していました。

ところが、一三五〇年（天平五）に入ると幕府内での抗争が開始されます。足利尊氏・高師直と直義（尊氏弟）との対決です（「観応《かんのう》の擾乱《じょうらん》」）。

直義と高師直の対立が事の発端。直義が高師直・師泰《もろやす》兄弟を殺害→尊氏×直義→直義毒殺？→直冬《ただふゆ》（直義の養子。尊氏の庶子）×尊氏・義詮《よしあきら》（尊氏の嫡子）→一三五八年、尊氏死去→最終的に、義詮の勝利で抗争が終結しました（一三六四年）。

尊氏派も直義派も、双方時々の都合で南朝と結び付いたことで、弱体化しつつあった南朝勢力を復活させ、天下三分の形成を生むことになります。

また、この抗争は全国に波及、内乱をより深刻化させ、混乱を拡大させることにもなりました。

豆知識　室町通

　前頁でも紹介した「室町」ですが、三代将軍足利義満が京都に築造した邸宅の所在地＝室町幕府が置かれた場所の地名です。

　別称「花の御所」とも呼ばれた邸宅です。足利将軍家の権威の象徴とし、その後も邸宅は幾度か同地に再建が繰り返され、一三代将軍義輝《よしてる》の時代まで利用されていました。

「室町通」の由来は平安京の室町小路にあたることから。現在、「室町」という町名は京都市内にはなく室町通という通り名だけが残されています。

　この通りですが、応仁の乱以前から残っている唯一の通りだとも伝えられます。東京都日本橋の室町は、この京都「室町」に由来すると言います。

　さて、この三代将軍足利義満ですが、将軍就任はわずか一一歳の時です（一三六八年・応安元）。少年義満は成長につれ、その才能を遺憾なく発揮。「南北朝の動乱に終止符を打つ」という政治課題に、「南北朝の合一」と「幕府の権力の強化」という二面から、果敢に挑戦します。それを具体化したのが、自身の財政力と軍事力の強化です。

　当時、室町幕府の財源＝領地は微々たるものでした。鎌倉から室町時代にかけて、交換手段としての貨幣が普及し、貨幣経済が急速に進展していました。義満が目を付けたのはここです。

　銭による税収です。関所の通行税、港の入港税、金融業を営む土蔵や酒屋、同じく金融業を営む京都五山の禅寺も課税対象に。さらに守護・地頭にも面積などに応じて税をかけました。また、義満の銭への執着は海外にも向けられます（次頁）。

　こうした収入は幕府財政を大いに潤し、これを自身の軍事力強化にも結び付けます。奉公衆という将軍直属の軍団の結成がそれです。

　ある意味、義満の銭への執着・センスの象徴が「金閣」や「花の御所」と言えるかもしれません。

豆知識　博多　その二

博多は古代より、大陸・朝鮮半島からの日本の表玄関として重要な役割を担ってきました。

ところが日本は九世紀末の遣唐使派遣中止以来、六〇〇年以上も中国との「公式」な交流を閉ざしてきました。これが原因で鎌倉時代には元による博多湾襲撃も起きています（元寇《げんこう》）。

しかし、その間も民間レベルでの貿易は、ずっと継続していました。平清盛による日宋貿易もこの民間貿易に当たります。こうした貿易をずっと支え続けてきたのが博多商人です。

ところが鎌倉時代の元寇以降、日本側の民間人の中には、朝鮮半島や大陸の沿岸地帯で集団による海賊行為を働く者が多数出始めます（倭寇《わこう》）。

これには朝鮮・中国の王朝も大変に手を焼き、元《げん》王朝の後を継いだ中国明《みん》王朝は日本に対して、この海賊の取り締まりを要求してきます。

これをビジネスチャンスと捉えたのが、三代将軍足利義満です。「明との貿易は儲《もう》かる」と博多商人や禅僧からのアドバイスもありました。

そこでまず義満は、貿易の拠点として博多を確保するため、九州地方の南朝の残党を一掃。博多を勢力下に置く大内氏を滅ぼします（「応永の乱」、一三九九年）。ついでに、倭寇対策にも乗り出します。

こうして、一四〇一年（応永八）、明に朝貢使《ちょうこうし》を派遣。明は私的な貿易を禁止していたため、義満は明皇帝の臣下となり「日本国王」の冊封《さくほう》を受け、朝貢という形をとって貿易を開始することに（一四〇四年）。この貿易は明が発行した勘合符《かんごうふ》を渡航許可書としたことから勘合貿易とも言われます。

日明貿易は、次の四代義持《よしもち》の時、朝貢は屈辱と中断。ところが、幕府財政を潤わせた膨大な利益は捨てがたく、二〇年後、六代義教《よしのり》が再開します。

義満からトータルで見ると、約一五〇年間で一九回の遣明船が派遣されました。

豆知識　四日市

前頁で取り上げた日明貿易が開始されると、様々な貿易品が輸出入されるようになります。

その品目の中で特に注視したいのが、輸入品の銅銭です。なぜ、「永楽通宝《えいらくつうほう》」を始めとした明の銅銭を日本がわざわざ輸入したのかです。

日本では七世紀末に銅貨富本銭《ふほんせん》、八世紀初頭に和同開珎《わどうかいちん》が、その後二五〇年間には皇朝十二銭《こうちょうじゅうにせん》が鋳造されました。しかし、これらの硬貨は、朝廷の奨励策にもかかわらず流通が限定され、その後の発行は停止しました。

ところが、鎌倉時代に入るとしだいに産業・経済が発展。貨幣の需要が高まり、日宋貿易で宋銭が輸入され、貨幣経済が社会に浸透していきます。

さらに室町時代に入ると、商工業は一層の発展を遂げ、これに伴い貨幣の需要はますます増加。結果、日明貿易で大量の明銭が輸入されるようになります。

こうした貨幣経済（商業）の発達を背景に誕生してくるのが「定期市」です。「市」とは、多くの人が集い物品の売買・交換を行う場です。

しかし、当初の市は、平城京・平安京など、場所はかなり限定されていました。これが各地に定期開催という形で拡大するのが、鎌倉・室町時代になってからです（交通の要所・寺院の門前で）。

「定期市」とは、月の特定の日に開催された市で、鎌倉時代に三回、室町時代に入ると六回も開かれるようになります。

現在、「〇日市」といった「定期市」の名が付いた地名が、全国各地に残されています。題名の「四日市《よっかいち》」もその一つで、四の付く日に定期市が開かれたのが地名の由来です（三重県四日市市）。

全国には「二」から「十」までの数字が付く、定期市に関係する市町村十字名が四〇〇ヵ所近く存在します。少数ですが、「十一」以上の数字が付く地名もあるようです。

豆知識　西洞院二条

この地名が日本の歴史の重大事件と大きく関わることを知る人は、そう多くはないと思います。

一四四一年（嘉吉《かきつ》元）、当時の六代将軍足利義教《よしのり》が播磨守護赤松満祐《あかまつみつすけ》に暗殺されるという大事件が突然発生しました（「嘉吉の乱」）。

その将軍暗殺現場こそ、京都の「西洞院《にしのとういん》二条《にじょう》」にあった赤松満祐の屋敷でした。

この赤松邸の場所ですが当時の書物によれば、「西洞院西、冷泉《れいぜい》南、二条北」に囲まれた地にあったとされます（『建内記』）。

これを現在の京都市の地図に重ねると、二条城の東、現在の中京区槌屋町・薬師町・東夷川町《ひがしえびすがわちょう》・薬屋町一帯になるようで、かなりの大邸宅です。

歴史に残る事件の重大性の割には現在、現場付近には石碑も立て札も何も残されていません。

室町幕府は三代義満以来、四代義持《よしもち》・五代義量《よしかず》と比較的安定した政権が続きました。

しかし、その後の将軍後継者選びが難航。そこで将軍候補の義持の弟四人がくじでこれを決着。結果、誕生した「くじ引き将軍」が義教です。

第六代将軍となった義教はやる気満々で父義満の政治を理想とし、武力で守護大名を抑え込む「万人恐怖」と恐れられた独裁体制をしきました。

将軍義教の強硬手段は幕府内の有力守護大名の粛清にも及び、家臣の不信感につながりました。

こうした中、状況に危機感を持った赤松満祐は、嘉吉元年六月、能を献上したいと将軍義教を自宅に招待。祝宴が開始され能の合間の猿楽に移った時、なぜか屋敷の門が閉ざされ、庭で馬が大暴れ。瞬間、赤松家家臣が乱入し義教を殺害しました。

その後、満祐は播磨に逃れますが、幕府軍に討たれます。しかし、この将軍暗殺という前代未聞の大事件は将軍の権威喪失を招き、「下剋上《げこくじょう》」という風潮の先駆けとなりました。

10 西陣

高級絹織物として全国的にその名を知られた西《にし》陣織《じんおり》。この名称は京都市上京区から北区にかけて、「西陣」の地で生産される織物の総称です。

では、この織物の名称にもなった西陣という地名の由来はどこから来ているのでしょうか。そのヒントが「応仁の乱」です。当事件は一四六七年（応仁元）から一四七七年（文明九）にかけて、京都を舞台に一一年間も繰り広げられました。

この戦乱時、堀川を挟み東側に布陣したのが東軍総大将の細川勝元《ほそかわかつもと》。この細川の陣を「東陣《ひがしじん》」。対する、西側に布陣した西軍総大将の山名宗全《やまなそうぜん》の陣所一帯は「西陣」と呼ばれました。

応仁の乱勃発後、一〇年目にはすでに西陣は地名化していたとも言われますが、現在行政地名としては残っていません。ただ西陣の中心に近い場所に「山名町」という地名が残されています。

では、そもそもこの「応仁の乱」という事件の原因は何だったのでしょうか。

室町幕府の将軍は三代義満以来、四代義持・五代義量と比較的安定した政権が続きました。

その後、「くじ引き将軍」六代義教は家臣の反発を買い暗殺されます（「嘉吉の乱」、一四四一年）。

この前代未聞の大事件は、「下剋上」の典型的な前例となりました。

義教の後を継いだのが嫡男義勝《よしかつ》九歳。しかし、義勝は将軍就任わずか八ヵ月で病死。そこで義教の五男義政《よしまさ》が元服と共に八代将軍に就任。

青年時代の義政は政治への関心は高かったようです。しかし周りの状況がそれを許さず、自身の政治の経験不足もさることながら、すでに幕府財政は破綻。将軍の立場は極端に弱体化していました。

しかも、乳母や側近の者が政治に口を出すため、義政はしだいに将軍としての無力さを悟り、政治への意欲を失っていきました。

一四四五年（康正元《こうしょう》）、日野富子《ひのとみこ》と婚姻。ところが、その富子も実家の日野家と共に政治に介入。義政はますます政治に嫌気がさし、風流な趣味の世界に没頭するようになります。

そんなおり、幕府内では管領の細川勝元と四職《しき》の山名宗全の主導権をめぐる対立が表面化します。さらに、管領畠山氏でも家督争いが勃発（嫡子義就《よしひろ》×弟の子政長《まさなが》）。この争いが戦に発展（「御霊合戦《ごりょうがっせん》」）。

これが「応仁の乱」の前哨戦となります。義就を山名氏が支援すると、細川氏が政長を支援。こうして戦は拡大の一途をたどりました。

この頃、将軍家内部でも跡継ぎ問題が発生します。将軍義政は跡継ぎに恵まれず、弟義視《よしみ》を後継者に指名。ところがその直後、正妻富子が長男（義尚《よしひさ》）を出産。富子は山名氏を頼り、義視には細川氏が付くことになります。

将軍義政は弟義視を後継者に指名した関係で弟側に。これにより、将軍家は義尚派と義視派の二派に分裂。結果、京都に細川勝元を総大将とする東軍約一六万と山名宗全を総大将とする西軍約一一万が集結し戦いが勃発します（「応仁の乱」）。

政治に無気力・無関心・無責任な将軍義政と妻富子との夫婦関係の気まずさから発した大事件。結局、出口が見えないまま長期化の一途をたどり、京の都は焼け野原と化してしまいました。

その間も義政は「政治には我関せず」の姿勢を貫き、趣味の世界に没頭。戦闘下の都でも、酒宴や歌会を開催し、悠々自適な生活を送っています。

他方、妻富子は東西両軍の大名に多額の金銭を貸し付け、資産蓄積に専念するという有様です。

戦の長期化と共に、厭戦《えんせん》気分が蔓延。やがて、東西両軍大将の相次ぐ病死を契機に和議が成立。九代将軍に義尚の就任で一応の決着を見ます。しかし、この戦乱の火種はその後全国に拡大。本格的な群雄割拠《ぐんゆうかっきょ》の時代（戦国時代）に突入します。

豆知識　美濃

「美濃《みの》」は現在の岐阜県南部を指す旧国名です。美濃国は、古くは「三野」「御野」「美野」といった表記も用いられました。

その地名の由来は、「三野」すなわち、各務野《かがみの》・青《あお》野《の》・大野《おおの》から名付けられたとの説が有力です。

美濃ゆかりの戦国武将と言えば、何と言っても斎藤道三《さいとうどうさん》。「美濃の蝮《まむし》」の異名を持つ彼は、北条早《ほうじょうそう》雲《うん》・松永久秀《まつながひさひで》と並び、三大梟雄《きょうゆう》とも称され、戦国時代の「下剋上」を象徴する武将の一人です。

道三の幼名は峰丸、通称は新九郎。法蓮房・松波庄九郎・長井規秀《のりひで》・斎藤利政《としまさ》、道三など様々な別名を持ちました。この名前の変遷が示す通り、道三は波乱の人生を歩み続けた人物です。

道三は一一歳で京都妙覚寺に入り法蓮房と号します。二〇歳で還俗《げんぞく》し、松波庄九郎と称し油売り商人となります。美濃にやって来たのが二八歳頃。美濃守護土岐《とき》氏の宿老長井長弘に見込まれ武士に転職。長井家家臣の西村家を継ぎ西村正利と称しました。ただし、ここまでの経歴は、父の経歴と混同されている可能性が最近指摘されています。

ともかく、長井長弘が亡くなると長井家の家督所領を乗っ取り、さらに領内の混乱に乗じ守護代の名跡を継ぎ斎藤利政と名乗ります（一五三八年）。翌年、斎藤氏の居城稲葉山城に入城し大改築します。

一五四二年（天文一一）、守護土岐頼芸《よりのり》を追放、美濃国を押領し国主となりました。

一五五四年（天文二三）、家督を息子義龍《よしたつ》に譲り出家、道三と名乗って隠居。一五五六年（弘治二）、息子義龍と争い長良川で敗死しました。

「英雄は英雄を知る」のたとえ通り、斎藤道三は娘婿の織田信長の器量を見抜き、信長を高く評価。両者は良好な同盟関係にありました。

道三が義龍と戦った際、信長は自ら出陣。救援に駆けつけますが間に合いませんでした。

豆知識　冨田村

この地名は、現在の愛知県一宮市冨田に当たります。戦国時代この「冨田村《とみだむら》」は、尾張と美濃の国境にあり、当時、聖徳寺《しょうとくじ》の寺内町として大きな集落を形成していました。

この聖徳寺こそ、斎藤道三と娘婿の織田信長が初会見した場所です（一五五三年・天文二二）。

この会見は「婿殿は大たわけ」と耳にした道三が、その真偽を確かめる目的で、道三側から申し入れたものでした。道三は会見会場の準備を済ませるや、事前に町外れの小屋に入り込み、信長の行列の様態をうかがうことにしました。やがて行列が……。

道三の前を通過する信長に、道三はあまりに奇抜なその身なりに度肝を抜かれます。さらに、驚かされたのは整然と並んで行進するお供の衆七〇〇～八〇〇人。屈強の者を先に走らせ、柄《え》三間半の朱槍五〇〇本、弓・鉄砲五〇〇挺《ちょう》を携行させていました。

ところが宿舎の聖徳寺に着くや信長は豹変。屏風を引きまわし、身支度を正装に整えました。やがて、事前に信長の服装を見ていた道三は普段着のまま登場。正装の信長と対面することになります。

その後、会見は滞りなく終了。この時の道三は苦り切った顔つきをしていたようで「またそのうちにお会いしましょう」と言い退出したと言います。

会見後、道三の家臣が「どう見ても上総介《かずさのすけ》（信長）はたわけ者ですよ」と言うなり、道三は「だからこそ口惜しいのだ。この道三の子供は必ずあのたわけ者の門前に馬をつなぐことになるだろう」と言い放ったとか（以上『信長公記《しんちょうこうき》』より）。

この会見こそ、道三が信長の技量と将来性を見抜いた瞬間だったと言ってよいでしょう。

前頁に紹介した道三の最期、長良川の戦いの前日、死を覚悟した道三は信長に「美濃を譲る」と遺書をしたためました。その遺書は道三敗死の知らせと共に、信長の元に届きました。

豆知識　種子島

宇宙関連施設で有名な「種子島《たねがしま》」は、行政区では鹿児島県に属し、同県の佐多岬から南東約四〇㎞に位置する、日本では九番目に大きな島です。

島名の由来は、「雄雌神が稲の種を播いた」という伝承からという説があるそうです。

この島を日本史上、最も有名にしたのが「鉄砲の伝来」です（「種子島」が火縄銃の代名詞に）。それは一五四三年（天文一二）、この島に大型の船（中国船）が嵐で漂着したことに始まります。

その船に偶然に乗り合わせていたのが二人の南蛮人（ポルトガル人）商人で、彼らが手にしていた細長い筒状の物、それが鉄砲でした。

彼らと面会した島主種子島時堯《ときたか》は鉄砲に興味を示し、早速、彼の前で射撃を実演させました。好奇心旺盛な時堯は、金二〇〇〇両でそれを二挺購入。現在の価格で一挺が約六〇〇〇万円とも言われます。

その後、時堯は家臣に命じ火薬の製法を学ばせ、島の刀鍛冶に鉄砲製造方法を研究させ、翌年には鉄砲の模造品第一号が完成を見ます。これは当時の日本の刀鍛冶の技術の高さをうかがわせる貴重な逸話です（以上『鉄炮記《てっぽうき》』南浦文之《なんぽぶんし》著より）。

その後、この話を聞きつけた紀州根来《ねごろ》や堺商人が種子島に来島し、鉄砲の製造法を習得。早速、鉄砲と製造技術を持ち帰り、近畿を中心に鉄砲の製造が開始されることになります。

それからわずか六年後の一五四九年（天文一八）、織田信長が近江の国友村の刀鍛冶に、何と五〇〇挺もの火縄銃を注文し、翌年には完成を見ます。

その三年後の一五五三年、信長が斎藤道三との会見時に見せたのが、弓・鉄砲五〇〇挺を携行し、整然と並んで行進する織田軍の勇姿でした（前頁）。

このように鉄砲の有効性にいち早く気付き、様々な経済政策により巨額な資金調達を可能にした、天下統一へのキーマンが織田信長だったのです。

豆知識　津島

「津島《つしま》」は愛知県西部に位置する津島市のことです。「津」の語源は湊《みなと》（港）ですが、濃尾《のうび》平野西部には津の付く地名が、赤津・下津・海津、船津等、島は枇杷島《びわじま》・中島・長島・笹島等あります。

この地名からも中世の頃まで、濃尾平野西部に伊勢湾がかなり深く入り込んでいたことがわかります。

鎌倉時代当時、木曽川河口付近に位置した津島は、津島神社の門前町とし、また尾張と伊勢を結ぶ要衝の港町（津島湊）として発展。戦国時代には、尾張一豊かな商業地として繁栄していました。

信長の祖父信定は、津島のそばの勝幡《しょばた》に築城し、津島を抑えます。父信秀はさらに一歩進め、津島を手中に収めて豊かな経済的基盤を構築します。

当時の尾張国は八つの郡に分かれており、形式上の守護は管領斯波《しば》氏で、実権は守護代織田氏に。この織田氏も上四郡を岩倉城の織田伊勢守。下四郡を清洲城の織田大和守が支配。信長の織田家はこの清洲織田氏配下の奉行の一人で、領地も尾張下四郡の一部にしか過ぎませんでした。

ところが、信秀の実力は守護・守護代をも大きく凌《しの》ぎ、津島で構築した経済力を背景に尾張中央部への進出を開始。拠点を勝幡城から那古野《なごや》城、門前町熱田を経略し、古渡城から末森城へと移していきました（ねらいは西三河進出）。

こうして信秀は形式的には守護・守護代の代理とし、遠江の今川氏、美濃の斎藤氏とたびたび争い、さらなる勢力伸長を図りました。その結果、尾張唯一の戦国大名としての頭角を表します。

祖父信定・父信秀、そして信長、織田氏三代の経済基盤はこのように津島にあったということです。

信長が父信秀から学んだものとは、こうした経済力を後ろ盾とした政治手法でした。これで信長がなぜ、渡来わずか六年後の高価な鉄砲五〇〇挺を手にできたのか、おわかりいただけたと思います。

豆知識　坊津

この地名は、現在の鹿児島県南さつま市坊津《ぼうのつ》町《ちょう》に当たります。坊津の「坊」は、龍厳寺一乗院の坊舎を指し、「津」は港。これが地名の由来です。

鹿児島半島先端の坊津は古来からの海上交通上の要地で遣唐使船の寄港地としても知られ、唐の高僧鑑真和上《がんじんわじょう》が上陸したことでも有名です。

意外に知られていないのが、日本にキリスト教を初伝道したフランシスコ・ザビエルの最初の上陸地点がこの「坊津」であるということ（一五四九年・天文一八）。ザビエルはこの地で許可を取り、鹿児島湾祇園之洲《ぎおんのす》に再上陸しました。

ザビエルは日本に滞在すること二年間。西日本中心に平戸、山口、京都などで布教。五〇〇人以上に洗礼を授けたとか。その後、一旦インドのゴアに戻り、鎖国下の中国布教を企て、広東《かんとん》港外の小島へ。そこで熱病にかかり死去しました。

その後、続々と宣教師が日本へ。布教と南蛮貿易が一体化していたこともあり、九州の戦国大名たちは、キリスト教保護に積極的に乗り出します。

来日した宣教師たちも布教の傍ら民衆への慈善事業に努めたこともあり、西日本中心にキリスト教徒は増加の一途をたどることになります。

こうした宣教師来日の背景には、大航海時代と言われるポルトガル・スペインの海外進出がありました。その目的は物資の入手と植民地獲得です。

この動きに便乗したのが、当時宗教改革で劣勢に立たされていたローマ・カトリック教会で、彼らは勢力挽回のため海外布教に力を注ぎました。

その意味で宣教師の役割は布教だけに留まらず、貿易コンサルタントや情報収集・宣伝活動といった役割も兼ね備えていました。

ポルトガル・スペインの海外進出と布教が表裏一体化しているのはこのためで、これは、当時のキリスト教布教を検討する時の重要な視点です。

豆知識　駿河・遠江

現在の静岡県は、旧国名で言えば駿河《するが》と遠江《とおとうみ》。「駿河」は流れが速い富士川（するどい河）、「遠江」は大和《やまと》から見て「遠《とお》つ淡海《あわみ》」（浜名湖）がある国が地名の由来とか（「近《ちか》つ淡海」＝琵琶湖との対比）。

ともかく、戦国時代この二国を所領としたのが、戦国七雄の一人とされる今川義元です。

今川氏は、将軍足利氏の傍流吉良《きら》氏の分家に当たり、「御所（将軍家）が絶えれば吉良が、吉良が絶えれば今川が継ぐ」という武家の名門でした。義元は、この今川氏九代目の当主です。

義元と言えば、桶狭間《おけはざま》の戦いで信長に敗北以来、どうしても無能で愚将のイメージが付きまといますが、実際は内政・外交共に優れた人物でした。その実力から「海道一の弓取り」の異名も。

内政面では、他の戦国大名に先駆け検地を実施。鉱山経営・商人保護・税制の整備・関所の一部撤廃などで領国経営を安定させ、分国法の制定で領国内に秩序をもたらしました。

外交面では、一五三七年（天文六）、三河の松平広忠（家康の父）を援助し岡崎城主に。一五四〇年（天文九）、西三河に織田信秀が進攻。広忠から支援要請を受けた義元は、本格的に三河に進出。一五四八年（天文一七）、小豆坂《あずきざか》で織田軍を撃破。一五四九年（天文一八）、松平広忠が家臣に殺害されると、岡崎城に今川の重臣を入れ、三河は実質今川領に（幼き竹千代＝家康は人質とし駿府へ）。

この間も甲斐の武田氏、相模の北条氏との外交を着々と展開。ついに、一五五四年（天文二三）、「甲相駿《こうそうすん》三国同盟」を成立させます。これにより義元は後顧の憂いなく、その矛先を長年の宿敵織田氏の尾張攻略に向けることとなりました。

その頃尾張では、織田信秀が病死（一五五一年）。信秀亡き後の尾張国内では、混乱の兆しの中で、一八歳の信長が家督を継ぐことになりました。

豆知識　取手

「取手」と書いて「とりで」と読みます。この地名は、愛知県知多郡東浦町森岡にある字名です。地名の由来は「村木砦《むらきとりで》」から来ています。

この地は『信長公記』にも登場する「村木砦の戦い」があった場所で、地名の由来は正に「砦」です（茨城県取手市の地名の由来も同様です）。

織田信秀が病死後の混乱を好機と見た今川義元は、早速、尾張攻略のため、三河との国境にある織田方の鳴海《なるみ》城・大高城・沓掛《くつかけ》城の城主を調略。

さらに、尾張・三河の境付近に勢力を持つ織田方の水野信元（家康の母於大《おだい》の方《かた》の兄）の緒川《おがわ》城攻略に乗り出します。その目的で、緒川城北方に構築させたのがこの重要拠点「村木砦」です。

水野信元は早速、家督を継いだばかりの信長に救援を求めます。織田家が分裂と動揺の渦中に置かれている信長は大ピンチを迎えました。

しかし、若き信長は事態を冷静に判断します。舅《しゅうと》の斎藤道三に援軍の兵を依頼。居城那古野城の留守を託します（身内による居城襲撃を警戒）。

そして、自ら兵を率いて出陣。熱田に一泊後、翌日大嵐の中、熱田湊から知多半島西岸に船で強行突破の渡海を行い、知多半島を横断し緒川城へ。

一五五四年（天文二三）一月二四日早朝、村木砦への一斉攻撃を開始します。しかし、砦の守りは固く、負傷者・死者が続出。信長は自ら鉄砲を手に、取りかえ取りかえ撃ったと言います。申《さる》の刻《こく》（午後四時頃）砦方が遂に降伏。本陣に戻った信長は激戦の様子をあれこれとなく語り、感涙したと『信長公記』は伝えます。

勝利した織田・水野軍が祝宴を催した場所は、現在「飯食場《いくいば》」という字名で残されています。

信長が実践で初めて鉄砲を用いたこの戦いは「桶狭間の戦い」の六年前のこと。この合戦の意義は大きく、桶狭間の前哨戦とも言える戦いでした。

豆知識　緒川

前頁で紹介した水野信元の居城「緒川城」は現在の愛知県知多郡東浦町緒川にありました。信元は、信長配下の武将で、当時知多半島北東部から三河西部にかけた領域を支配下に治めていた人物です。

信元は、徳川家康の生母於大の方の兄で、信長の天下統一に大きく貢献した人物ですが、歴史の闇の中に葬られた部分が多く、謎の多い人物です。

戦国時代の知多半島は中小土豪が小城を構え割拠する混戦状態で、その中の有力土豪の一族が、この水野氏だったわけです。

ところが、水野氏の所領は尾張・三河の接点ということもあり、織田氏か松平氏か、どちら側に付くかその決断を迫られる時がやってきます。

信元の父忠政は三河松平氏と手を結ぶことを選択（松平家は親今川路線）。その同盟の証とし、水野家から松平家に嫁いだのが信元の妹於大です。

そこで誕生したのが竹千代（後の家康）です。

しかし、忠政が病死すると、信元は織田氏の傘下に入ります。そこで於大は幼い竹千代を岡崎に残したまま松平家から離縁され、実家の兄の元へ。

一五五四年（天文二三）、今川義元が信元の領地に侵入し緒川城の目前に砦を構築します。この砦をめぐる攻防戦が前頁紹介の「村木砦の戦い」です。

その後も信元は信長傘下の武将として活躍。また様々な場面で甥《おい》の松平元信（家康）を支えます。中でも最大の功績は一五六二年（永禄五）、信長と家康を仲介した「清洲同盟」の締結でした。

そんな信元も信長から武田氏との内通の疑いがかけられ、岡崎大樹寺において家康の家臣により殺害されるという非業の死を遂げます。

現在、緒川城の面影を伝えるものは「古城《ふじろ》」・「羽城《はじょ》」・「屋敷参区《やしきさんく》」等の字名だけになってしまいました。緒川は、古くは小川（小河）と書き、地名の由来は「小さな川のある村」程度の意味です。

豆知識　清洲

愛知県清須市《きよすし》は南部と東部が名古屋市に隣接する市です。その表記は、歴史書でも「清須」と「清洲」が混在。地名の由来は「清い川（五条川）の流域に砂洲《さす》をもつ土地」説が有力です。

清洲が戦国時代で注目されるのは、織田信長がこの地の清洲城を拠点に、尾張を統一。今川義元との「桶狭間の戦い」に臨んだことです。

信長は「村木砦の戦い」からわずか三ヵ月後の一五五四年（天文二三）四月、叔父信光と協力し、守護殺害を理由に清洲織田氏を滅ぼし、清洲城に移転します。清洲城主織田信長の誕生です。

二年後の一五五六年（引治二）四月、斎藤道三が子の義龍と戦い敗死。美濃は同盟国から敵国に。同年五月、林美作守《はやしみまさかのかみ》による信長殺害未遂事件発覚。同年八月、弟信勝が謀反《むほん》（「稲生《いのう》の戦い」）。続き、兄信広の謀反計画未遂事件発覚。しかし、信長は兄信広・弟信勝を共に許します。

一五五七（引治三）、弟信勝が守護代岩倉織田信賢《のぶかた》（織田総本家）と手を組み、再び謀反を計画。信長は重病と信勝に伝え、清洲城に呼び寄せ殺害。

一五五八年（永禄元）、守護代岩倉城主織田信賢と戦い、これを破ります（「浮野の合戦」）。また同年、前守護斯波義統《しばよしむね》の子義銀《よしかね》が吉良氏と結び信長追放を画策。信長は義銀を尾張から追放し、これで、大名家としての尾張守護斯波氏は滅亡しました。

一五五九年（永禄二）、上洛し一三代将軍足利義輝に謁見《えっけん》。同年、守護代岩倉織田信賢を追放。

これによって、尾張国内で信長に敵対するものはいなくなり、念願の尾張の統一を果たしました。信長はこの年、二六歳を迎えました。

信長は一八歳で家督を継いで以来、身内である兄弟、親類である織田一族との戦いに何と八年間という長い年月を費やしています。そしてその翌年、運命の今川義元との決戦を迎えることに。

豆知識　桶狭間

「桶狭間《おけはざま》」は、今川義元を兵の数で劣る織田信長が破った「桶狭間の戦い」が行われた戦場地名です。

現在、その伝承地と伝えられる所が二ヵ所存在します。愛知県名古屋市緑区有松町桶狭間北にある古戦場公園一帯と、同県豊明市栄町南舘の古戦場伝承地です（後者は江戸時代までは桶狭間村）。双方、距離にして約一㎞離れた場所にあります。

地名の由来のハザマは地形的に「谷間」を指す一般名詞。オケは元々はホケ＝崖の意。桶狭間＝「崖のある谷間」と解釈する研究者もいます。

一五六〇年（永禄三）五月、約二万五〇〇〇の兵を率いる今川義元が尾張に侵攻。国境の沓掛城に入城後、織田方から奪った大高城へ向かうことに。

その先発隊が松平元康で（後の家康）、今川方の大高城に兵糧《ひょうろう》を運び込み、織田方の丸根・鷲津砦を攻撃、これを陥落させました。

この知らせを受けた義元は気を良くし、大高城に向かう途中の桶狭間で休息をとりました。

他方、信長は清洲城→熱田神宮→中島砦と進軍。中島砦で義元本陣の位置情報を得るや、先発隊が敵を引き付けている間、信長本隊は桶狭間山に陣取る義元本陣目がけ、坂を駆け上がりこれを急襲。今川軍の大パニックの中、義元は敗死しました。

※義元本陣は谷間ではなく山頂にあった。

信長の勝因は、徹底した情報収集とその管理、綿密な計画性・高度な心理作戦・驚異的な機動力。義元の最大の敗因は兵力の分散に尽きるのでは。

義元は「愚将」というより、信長の才能がそれを超えていたというのが正しい表現でしょう。

戦いの結果は、今川氏滅亡に直結。松平元康（家康）は独立し信長との同盟を結ぶきっかけに。そして信長は天下統一への第一歩となりました。

その意味で、桶狭間の戦いは日本の歴史の大きなターニングポイントになったとも言えます。

豆知識　岡崎

「岡崎《おかざき》」は旧三河国の中央に位置し、歴史的には西三河地方の中心としての機能を果たしてきました。地名の由来は、丘陵の先端（出崎）にこの場所が位置したことから名付けられたという説が有力。

歴史的には、何と言っても徳川家康の誕生の地、居城として有名です（岡崎城）。

一五六〇年（永禄三）五月、松平元康（家康）は今川配下の一武将として、「桶狭間の戦い」の最前線大高城に立たされていました。

桶狭間の戦いで今川義元が信長軍に討たれると、元康のいる大高城は孤立無援の状態に陥ります。

しかし元康は家臣の撤退進言にもかかわらず、慎重な態度を見せ城から出ようとはしませんでした。

その後、伯父である織田方の水野信元からの情報と配慮を得て大高城を脱出。命からがら岡崎に逃げ帰り、松平家の菩提寺大樹寺《だいじゅじ》に身を寄せます。

しかし、本当の試練はここからです。岡崎城主でありながら、今川方の城代が城に残っているため、自分の城にも入城できません。かつ、この大樹寺も野武士の集団の襲撃をうけます。

この絶体絶命のピンチに寺の和尚登誉《とうよ》上人《しょうにん》から人生の座右の銘ともいうべき言葉「厭離穢土《おんりえど》欣求浄土《ごんぐじょうど》」を授かった話は有名です。

家康はこの言葉を生涯大切にし、軍旗にこの言葉を刻み、戦場ではいつも身近に置きました。

数日後、元康は岡崎城を撤退した今川軍を見届け「捨てた城なら拾おう」と宣言し、入城を果したと『三河物語』は伝えます（この時一九歳）。

その後、元康はこの岡崎城を拠点に、家臣団と三河を統一。その間も、今川方として三度も織田方と抗争（「石ヶ瀬川の戦い」）。今川義元嫡男氏《うじ》真《ざね》に「弔い合戦」を進言したとも言われています。

しかし、一五六二年（永禄五）、氏真を見限り織田信長と和解。清洲同盟を結ぶことになります。

豆知識　岐阜

桶狭間の戦いで今川義元を破り、その侵攻を撃退した信長は、松平元康（家康）と同盟を締結。

これで背後からの危険が無くなった信長は、次に美濃攻略に本格的に着手します。そのきっかけは斎藤義龍の急死です（一五六一年・永禄四）。

信長にとっての美濃攻めは舅斎藤道三の仇《かたき》を討つといった大義名分がありました。が、何より美濃は交通の要衝であり、石高《こくだか》も尾張に近いものがあり、交通・財政両面で価値の高い土地でした。

そこで、美濃攻略の本格的第一弾として小牧山に城の構築を開始します（一五六三年・永禄六）。

信長の小牧山城在城はわずか四年ですが、単なる前線基地の構築ではなく、清洲から拠点そのものを小牧に移すという大がかりなものでした。

本格的城下町の整備や巨石を城の石垣に用いる手法など、並々ならぬ築城や城下町づくりへのこだわりが最新の調査で明らかになっています。

しかし、その後の力攻めでの美濃攻略は進展せず、調略作戦に方向転換。これにより斎藤家重臣を寝返らせることに成功。斎藤家衰退は決定的に。

一五六七年（永禄一〇）、「稲葉山の戦い」で最終的に信長は勝利を収め、斎藤義龍の子龍興《たつおき》は、伊勢長島に敗走しました。

これにより七年がかりで美濃を平定した信長は、その拠点を小牧山城から稲葉山城に移し、城下町の井ノ口という地名を「岐阜《ぎふ》」に改めます。

これは、沢彦宗恩《たくげんそうおん》が古代中国「周の文王、岐山より興り、天下を定む」の故事にならい地名候補に、岐山・岐陽・岐阜を信長に提案。この中から信長が「岐阜」を選択したとする説があります。稲葉山城も大改修し、名を岐阜城に改めました。

信長が「天下」を意識し始めたのもこの頃からで、「天下布武《てんかふぶ》」の印章を使用し始めています。

※沢彦宗恩は尾張正秀寺の禅僧、信長の教育係。

	中世の主な出来事
鎌倉時代	1185 年　**壇ノ浦**の戦い → 平家滅亡。源頼朝が守護・地頭を全国に置く
	1192 年　源頼朝が征夷大将軍に就任。**鎌倉**幕府の成立
	1199 年　源頼朝の死去
	1203 年　北条時政が初代執権に就任
	1204 年　二代将軍源頼家暗殺（**修善寺**）
	1205 年　牧氏の変（北条時政失脚）→ 北条義時が二代執権に就任
	1219 年　三代将軍源実朝暗殺
	1221 年　承久の乱（後鳥羽上皇が**隠岐**に配流）→ 六波羅探題の設置
	1232 年　御成敗式目の制定（三代執権北条泰時）
	1243 年　鎌倉の大仏開眼《かいげん》（木像）→ 1247 年　暴風雨で倒壊
	1247 年　宝治合戦（三浦氏滅亡）→ 執権政治の確立（五代執権北条時頼）
	1252 年　鎌倉の大仏，金剛大仏造営を開始。数年後開眼（現存の大仏）
	1268 年　北条時宗が八代執権に就任。元《げん》の使者，大宰府に初来日
	1274 年　文永の役（一回目の元寇《げんこう》，**博多**に押し寄せる）
	1281 年　弘安の役（二回目の元寇，博多・**多々良浜**での防衛戦）
	1297 年　徳政令《とくせいれい》が出される。
	1316 年　一四代執権に北条高時 → 政治乱す
建武の新政	1333 年　鎌倉幕府滅亡 → 建武の新政（後醍醐天皇）
	1335 年　中先代の乱（北条高時の遺児時行が挙兵）→ 箱根・**竹之下**の戦い
室町時代	1336 年　足利尊氏が京都制圧 → 後醍醐天皇，**吉野**へ → 南北朝時代（～ 1392 年） 尊氏が建武式目制定
	1338 年　尊氏が征夷大将軍に就任
	1350 年　観応の擾乱（足利家内紛 … 兄尊氏×弟直義）
	1368 年　足利義満が三代征夷大将軍に就任
	1378 年　義満が**室町**に幕府移転（「花の御所」）
	1392 年　南北朝の合一
	1401 年　義満が「遣明使」派遣
	1404 年　日明貿易（勘合貿易）開始
	1408 年　足利義満死去
	1441 年　嘉吉の乱（六代将軍義教を守護大名赤松満祐が暗殺 → 下剋上の先駆け）
	1467 年　応仁の乱（八代将軍義政）→ 戦国時代（～ 1573 年）
	1543 年　鉄砲伝来（**種子島**）
	1549 年　キリスト教伝来（鹿児島，フランシスコ・ザビエル）
	1560 年　**桶狭間**の戦い → 1562 年　**清洲**同盟 → 1567 年　稲葉山の戦い
	1568 年　織田信長の入京 → 1570 年　姉川の戦い → 1571 年 **比叡山**延暦寺焼き討ち
	1573 年　室町幕府滅亡

第四章

近世

——安土桃山時代・江戸時代

11　安土・桃山

室町時代に続く時代が「安土桃山時代《あづちももやま》」です。

では、この時代はどんな時代だったのでしょうか。一言で表せば、「織田信長《おだのぶなが》・豊臣秀吉《とよとみひでよし》が政権を掌握していた時代」と言えます。

時代名の由来は、信長・秀吉がそれぞれに築いた居城があった場所の地名から来ています。

信長の居城は、琵琶湖東岸に位置する安土山に築いた安土城（現滋賀県近江八幡市安土町）で、秀吉は、晩年築いた伏見《ふしみ》城がこれに当たります。

伏見城と桃山との関係ですが、江戸時代に廃城となった伏見城跡地に桃の木が植えられ、この地が「桃山」と呼ばれるようになったことにちなみます。城跡は京都府京都市伏見区桃山町大蔵にあります。

では、安土桃山時代の時代区分は、いつから、いつまでをこの時代とするのでしょうか。実は、その始期・終期には諸説あります。

始期については

・一五六八年説…信長が足利義昭《あしかがよしあき》を奉じて上洛
・一五七三年説…室町幕府の滅亡
・一五七六年説…安土城の築城開始

終期については

・一五九八年説…秀吉の死去
・一六〇〇年説…関ヶ原の戦い、家康の勝利
・一六〇三年説…江戸幕府の開設

本書では、最大の幅で一五六八年～一六〇三年までをこの時代として扱うこととします。

次に、この時代の大きな流れを見て行きます。

一五六八年（永禄《えいろく》一一）に信長は、暗殺された一三代将軍足利義輝《よしてる》の弟義昭を奉じて上洛。義昭は一五代将軍に就任し、足利幕府を再興させます。信長は将軍の権威を利用し、瞬く間に畿内を平定。

ところが、義昭と信長との間にしだいに亀裂が生じ、不和となります。義昭は、信長に敵対する勢力に信長打倒を働きかけ「信長包囲網」を構築。

信長としてもこれを黙認できず、ついに義昭を京都から追放します（一五七三年・天正元《てんしょう》）。これにより、実質的に室町幕府は終焉《しゅうえん》を迎えました。

この間、信長は、浅井《あざい》氏・朝倉氏、比叡山延暦寺を屈服させ、石山本願寺及び甲斐武田氏と戦うこととなります。

一五七五年（天正三）、信長は宿敵武田氏を長《なが》篠《しの》の戦いで撃破。着実に天下統一への歩みを進めて行きました。次なる信長の標的は中国の毛利氏。そこでまず、羽柴秀吉を毛利攻略に送り込みます。

秀吉の援軍要請を受けた信長は安土から京へ。その京の宿泊先を家臣明智光秀《あけちみつひで》が襲撃。信長は自《じ》刃《じん》します（「本能寺《ほんのうじ》の変《へん》」、一五八二年・天正一〇）。

信長自害の知らせを受けた秀吉は、超スピードで引き返し光秀を討ち取ります（「山崎の戦い」）。

その後、織田家中で発言権を増した秀吉に対し危機感を抱いた柴田勝家《しばたかついえ》が挑戦するも敗退（「賤《しず》ケ岳《がたけ》の戦い」、一五八三年）。翌年には徳川家康と対決します（「小牧・長久手の戦い」、一五八四年）。

その後、家康を傘下に収めた秀吉は、四国・九州と兵を進めこれを平定。一五九〇年（天正一八）、小田原の北条氏を滅ぼし、東北も平定。そして、「惣無事令《そうぶじれい》」を出し、大名間の争いを禁じて国内争乱を収め、遂に天下統一を達成しました。

この時代を文化面で見ると、信長・秀吉の強大な政権下で、新興大名や豪商を中心とした雄大で豪華絢爛《ごうかけんらん》な文化が開花しました（安土桃山文化）。

ところが、秀吉の死去と共に次なる天下大乱の兆しが起こります。それは、徳川家康《とくがわいえやす》と、石田三成《いしだみつなり》を中心とする反徳川グループ（西軍）との対立です。

一六〇〇年（慶長《けいちょう》五）、家康は、「関ケ原《せきがはら》の戦い」でこの西軍に勝利し、対立に決着。敵対した大名を取り潰し、豊臣方勢力の封じ込めに成功します。

三年後、家康は征夷大将軍に任命され、江戸に幕府を開き、豊臣氏滅亡後、約二六〇年間に及ぶ太平の世の礎《いしずえ》を築きました。

豆知識　近江

「近江」と書き「おうみ」と読みます。現在の滋賀県の旧国名です。地名の由来は、大和から見て「近《ちか》つ淡海《あわみ》」（琵琶湖《びわこ》）がある国だったからです。※「近つ淡海」の簡略化が「近江」→旧国名に。

信長が美濃攻略に本格的に乗り出していた頃、この近江の国の北半分を領有していた戦国大名が浅井《あざい》氏、南半分は六角《ろっかく》氏が領有していました。ただ力関係では浅井氏は六角氏の影響下に。

これを覆したのが三代目当主の浅井長政《ながまさ》です。結果、浅井氏は六角氏と敵対関係となりました。おりもおり、美濃の斎藤義龍《さいとうよしたつ》が六角氏と同盟を結び、浅井領に侵攻してきました。

その頃、美濃斎藤氏の攻略に難儀していた信長は、これを好機とばかりに浅井氏に同盟を申し入れ、長政もこれを受け入れます。

この同盟は双方がそれぞれの敵に専念できるものでした。さらに長政は信長の妹お市《いち》を正室に迎え、この同盟はさらに堅固《けんご》なものとなります（一五六七年もしくは一五六八年）。

ただ、この同盟は大きな問題点を抱えることになります。それは長政の父久政《ひさまさ》の盟友朝倉義景《あさくらよしかげ》（越前領主）と信長が不仲になる点です。これが後に長政の運命を大きく変えることになります。

また、この長政とお市との間に生まれた三人の娘が茶々《ちゃちゃ》・初《はつ》・江《ごう》で、順に秀吉の側室、京極高次《きょうごくたかつぐ》・徳川秀忠《ひでただ》の正室となる波乱万丈な運命をたどることに。

ともかく信長はこの同盟締結により、上洛経路の近江口を確保し、美濃攻略達成後の一五六八年（永禄一一）、足利義昭を奉じ上洛を開始します。

この上洛に当たり、義兄である信長の出陣に長政も参陣し、信長上洛を阻止しようとした六角氏との戦いの先陣をつとめ、これを撃破しました。

この上洛戦で、信長に多大な貢献をした長政でしたが、二年後、不運に見舞われることになります。

豆知識　堺

「堺《さかい》」は、現在の大阪府堺市のことです。

堺の地名の由来は「旧摂津国《せっつのくに》と旧和泉国《いずみのくに》、そして旧河内国《かわちのくに》の三国の『境』に発展したまちであることから付いた」とのこと（堺市ホームページ）。

一五六八年（永禄一一）、信長は、足利義昭を奉じ上洛。一五代将軍に就任させ、足利幕府を再興。

感激した将軍義昭は、信長に対し管領《かんれい》・副将軍の位《くらい》・知行地《ちぎょうち》を提示しました。しかし、信長が望んだものは堺・大津・草津への代官の設置でした。義昭は即、この要求を受け入れます。

なぜ信長は、この三つの町への直轄地《ちょっかつち》支配を望んだのでしょうか。ヒントは、この三つの町の共通点＝港（津）と繁栄する商業地にあります。

※この点に関しては、第10節豆知識「津島」一〇七頁参照。

早速、信長は堺に矢銭《やせん》（軍事費）二万貫《がん》を要求します（約一八億円）。堺は町人の自治組織が発達し、「自由都市」として発展していたこともあり、これを拒否、信長に対して抗戦を試みます。しかし、信長は堺の会合衆《えごうしゅう》（自治組織の代表者）を切り崩し、最終的に堺は信長の軍門に下ります。

では、堺の魅力とは何だったのでしょうか。

・日本最大級の商業都市…経済的富の町。国内最大の物流拠点（海上交通）。

・日本最大級の軍需産業都市…日本の武具産業の中心地、特に鉄砲の主要生産地。

・日本最大級の国際貿易港…日明《にちみん》貿易・南蛮《なんばん》貿易からの収益＋鉛と硝石《しょうせき》の輸入窓口

※鉛は鉄砲の弾丸、硝石は鉄砲の火薬原料。

これらを要約すれば、信長は堺の鉄砲と豊かな富（経済力）に目を付けたということです。

当時、鉛や硝石はすべて輸入に頼っていました。堺を手に入れることは、多くの富を得るだけでなく、こうした国内の鉄砲と弾丸・火薬の原料の流通をコントロールできることを意味しました。

豆知識　金ヶ崎

この地名は現在の福井県敦賀市金ヶ崎町《つるがしかねがさきちょう》にあります（旧越前国敦賀郡金ヶ崎）。この地名が歴史の中で注目されるのは、織田信長が朝倉氏との戦いで、人生最大のピンチを迎えた場所だからです。

地名の由来は奈良時代、豊後《ぶんご》から運ばれてきた釣《つり》鐘《がね》がこの地の沖合で沈んだ故事にちなむようです。

信長に話を戻します。一五七〇年（元亀《げんき》元）、信長は、義昭に代わり全国の諸大名に新将軍への挨拶のための上洛を促します。

これに対し朝倉義景は、信長の再三再四にわたる上洛催促を拒否。そこで信長は朝倉征伐の軍を起こし、京より三万の大軍を率いて進撃を開始。

越前に入った織田軍は海運の要衝敦賀湊《みなと》を抑えるべく、敦賀金ヶ崎に侵攻し、朝倉方の金ヶ崎城を攻略。落城させて敦賀一帯を制圧。いよいよ、朝倉氏の本拠地一乗谷《いちじょうだに》に進路を向けたその時です。

思わぬ知らせが信長の元に。義弟浅井長政裏切りの情報です。理由は明確ではありません。が、浅井氏は長政が信長と同盟を結ぶ以前から、朝倉氏とは旧知の同盟関係があり、朝倉氏との同盟を優先させた結果であることは間違いないことです。

このままでは朝倉・浅井軍の挟み撃ちにあうことは確実で、信長はすぐさま撤退を決断。自身は、数騎の家臣のみ引き連れ戦線離脱、京を目指しました。これを「金ヶ崎の戦い」または「金ヶ崎崩れ」とも言い、信長の敗退戦として有名な話です。

義弟長政に対する信長の怒りは凄まじく、態勢を整えるや徳川家康と連合軍を編成。同年六月、近江浅井郡（現滋賀県長浜市野村町）で姉川《あねがわ》を挟み、川原で浅井・朝倉連合軍と対決（「姉川の戦い」）。織田軍苦戦の中、徳川軍の奮戦で辛勝しました。

その後、信長は浅井・朝倉の両氏を追い詰め、一五七三年（天正元）、刀根坂《とねざか》の戦いで朝倉氏を、小谷城《おだにじょう》攻略戦で浅井氏を滅亡に追い込みました。

豆知識　血原・血川橋

滋賀県長浜市は県の北東部（湖北地方）に位置し、岐阜県と福井県に接しています。表題の「血《ち》原《はら》」や「血《ち》川橋《かわばし》」は共に、同市三田町に残る地名です。

長浜市湖北町（旧近江国浅井郡）には、浅井長政の居城小谷城跡もあり、この辺一帯は戦国時代、浅井氏の領地でした。

一五七〇年（元亀元）六月、浅井・朝倉連合軍と織田・徳川連合軍との間で激戦を交えたのが、「姉川の戦い」です。

この戦いの背景については、前頁で触れた通りですが、両軍の数は浅井・朝倉約一万八〇〇〇人に対し、織田・徳川は約二万八〇〇〇人とも伝えられます。

現在も市内を東西に流れる姉川を挟み、北側に浅井・朝倉、その対岸に織田・徳川が陣取ったことで、浅井×織田、朝倉×徳川という陣形で向き合う形となりました。

合戦は早朝午前五時頃、徳川軍の攻撃で開始。当初は浅井・朝倉軍が優勢で、特に織田軍は一三段構えの陣が一一段まで浅井軍に崩されるほどの劣勢に立たされました。織田軍が苦戦する一方、朝倉軍と対戦した徳川軍は力戦を見せます。

この両軍の激戦で、当時の惨状を伝える地名こそが、「血原」「血川橋」です（現在、血原公園には合戦の石碑や看板が建てられています）。

その後、朝倉軍は徳川軍に押され、しだいに後退。勢いを増した徳川軍は側面から浅井軍を攻撃。加勢をうけた織田軍は攻勢に転じ、浅井・朝倉軍は小谷城へと敗走します。午後二時頃のことでした。

姉川の戦いでの戦死者は、両軍でおよそ二五〇〇人とも伝えられます（負傷者はその三倍か?）。

この戦いで織田・徳川方が勝利はしましたが、浅井・朝倉に致命的なダメージを与えたわけではなく、対立はその後も約三年間継続します。

豆知識 比叡山 その二

比叡山《ひえいざん》という地名が織田信長との関係で歴史上に登場するのは、一五七一年（元亀二）の「比叡山焼き討ち」事件です。

この事件は、信長の宗教勢力への弾圧、残虐行為の「代名詞」として歴史小説やテレビ番組でもたびたび取り上げられます。果たしてその真相は？

将軍就任直後の義昭と信長との良好な関係は、時間の経過と共に、政治ビジョンのズレが表面化し、徐々に悪化していきます。

「幕府政治の再興」を目指す将軍義昭と、自らの「天下布武《てんかふぶ》」を目指す信長の感覚のズレです。

一五七〇年（元亀元）、信長は義昭に政治活動を制限するための『五ヶ条の条書』を承認させます。これにより、二人の溝は決定的なものに……。

そして、同年「姉川の戦い」が勃発。その翌年起きたのが「比叡山焼き討ち」事件です。

その原因は、信長の警告を無視した比叡山延暦《えんりゃく》寺《じ》側が朝倉・浅井軍を寺に庇《かば》い、信長に対して、あからさまな敵対行動に出たからとも言われます。

この背景には、将軍義昭が各地の戦国大名や宗教勢力に「信長打倒」を要請する文書（御内書《ごないしょ》）を送り付けたことがありました（信長包囲網）。

大切な視点は、信長の攻撃対象は寺の宗教活動にではなく、寺院側の武装組織に向けてのもの。信長が寺院に望んだものは、「政教分離」です。

最近の発掘調査によると、「比叡山焼き討ち」とは言え、焼失が確認できるのは根本中堂《こんぽんちゅうどう》と大講堂のみで、他の焼失土層はそれ以前のものと判明。

僧侶の多くはふもと坂本の町に在住し、この時点で山中の宗教施設は限定的だったということです。

「全山が火の海」「僧侶男女三〇〇〇人の大虐殺」といったこれまでの「定説」もそろそろ再考すべき時期が来たようです。そもそも、当時「女人禁《にょにんきん》制《せい》」の比叡山になぜ女性がいるのかが疑問です。

豆知識　甲斐

甲斐国《かいのくに》は現在の山梨県に当たります。
「甲斐」という地名の由来には、諸説あります。
・山の峡《かい》、山々の間。間《あい》→カイ
・人々が行き交う交通の結節点。「交《か》い」→カイ
・馬がたくさん飼われていた→馬を「飼う」→カイ
甲斐国は、戦国時代に武田信玄《たけだしんげん》の活躍のベースとなったことで特に有名です。

武田氏の先祖は甲斐源氏《かいげんじ》、その祖は清和源氏《せいわげんじ》の源義光《みなもとのよしみつ》（新羅三郎《しんらさぶろう》）にたどり着くと伝えられます。義光の子義清《よしきよ》が常陸国那珂郡《ひたちのくになかぐん》武田郷を領したことから、「武田」を称するようになったとか。

戦国武将武田信玄は、一五四一年（天文《てんぶん》一〇）に父信虎《のぶとら》を駿河国に追放後、一九代当主になるや、信濃・伊那等を攻略。越後の上杉謙信《うえすぎけんしん》と川中島《かわなかじま》で激戦を繰り返したことは有名です（「川中島の戦い」）。

一五六六年（永禄九）、上野国に侵攻、同国西部を領有化。一五六八年（永禄一一）、駿河に侵攻。今川氏真《いまがわうじざね》を追放した後、駿河も領有化して大領国を形成しました。

武田信玄は領国経営という点でも、その手腕を発揮。「信玄家法《かほう》」の制定・鉱山開発・信玄堤《しんげんづつみ》の名で知られる治水事業による新田開発。また、甲州を中心とする交通網の整備等はよく知られます。

ただ、ここまでの信玄の動きは「川中島の戦い」も含め、一地方の有能な戦国大名の話です。

信玄が中央の歴史に影響を及ぼすことになるのは、信長との対立が始まったことがきっかけです。

一五七一年（元亀二）の比叡山焼き討ちの際、延暦寺から逃げ延びた者たちが信玄に庇護を求めます。

一五七二年（元亀三）一〇月、将軍義昭の上洛要請もあり、大軍を率いて西上を開始。途中の、遠江国《とおとうみのくに》敷知郡《ふちぐん》「三方ヶ原《みかたがはら》」で徳川家康と激突。

一五七三年（天正元）、さらに、三河に侵入しましたが、陣中で病没しました（享年五三）。

豆知識　三方ヶ原

「三方ヶ原《みかたがはら》」とは、静岡県浜松市郊外の三方ヶ原台地にある地名です（浜松市北区三方原町）。

この地は周りの三つの村の入会地《いりあいち》だったことから「三方の村の原っぱ」と呼ばれたことが転じて、「三方原」になったというのが地名の由来です。

三方ヶ原は、元々、台地上ということもあり、水源がほとんど無く、土も養分に乏しいことから作物が育たない無人の荒れ地だった所です。

この地が歴史上に登場するのは、一五七二年（元亀三）一二月、武田信玄と徳川家康が激突した「三方ヶ原の戦い」の舞台となったことからです。

家康の人生には、死と隣り合わせの「三大危機」と言われるものが伝えられています。その中の一つが、この三方ヶ原の戦いでした。

この合戦から遡ること二ヵ月前、甲斐の武田信玄は、将軍義昭の上洛要請を受け、大軍を率いて西上を開始。当時、家康の領国となっていた遠江に侵入。この動きに、家康は信長に援軍を要請します。

しかし、「信長包囲網」の中にあった信長は、わずかな援軍しか送れず、家康に浜松城籠城《ろうじょう》を打診。

しかし、武田軍が浜松城を尻目に素通りし西上を続けるや、家康は全軍に出陣命令を下し、武田軍を追撃。信玄はそれを見通していたのか、途中で反転。三方ヶ原で陣を張り待ち構えていました。

この時の武田軍の陣形は、「魚鱗《ぎょりん》の陣」（魚の鱗《うろこ》のように中心が前方に張り出した隊形）。対する、徳川・織田連合軍は「鶴翼《かくよく》の陣」（鶴が翼を広げた隊形）で臨みました。

戦いの火蓋が切られ、徳川・織田連合軍は奮戦。しかし、時間の経過と共に、二倍以上の数に勝る武田軍の猛攻に連合軍は耐え切れず壊滅。

激戦の中、家康は自ら奮戦するも、多くの将兵を失い、自身は供する者もなく、単騎で命からがら、浜松城に逃げ帰ったと伝えられます。

豆知識　小豆餅・銭取

静岡県浜松市中区に「小豆餅《あずきもち》」という町名があります。また、この地名に関連して、同じく、浜松市中区泉に、今は通称地名となりましたが、旧小字名《こあざ》で「銭取《ぜにとり》」という地名があったそうです。現在はバス停にその名を留めています。

実は、この小豆餅は前頁で紹介した三方ヶ原古戦場と、浜松城のほぼ中間地点に位置しており、銭取はそれよりやや浜松城寄りに位置します。

では、古戦場跡と、この二つの地名、そして浜松城を結ぶ線とは一体何でしょうか。

その答えは、三方ヶ原の戦いにおける古戦場から浜松城までの家康の逃走ルートです。二つの地名の由来を探るとそれがよく理解できます。

三方ヶ原の戦いに大敗した家康は、単騎で命からがら、戦場から離脱。浜松城へ逃げ帰る途中、空腹に襲われ、耐え兼ねて道端の茶屋の小豆餅を手に取りほおばったと言います。そこへ武田方の追手が迫って来たので家康は銭を払わず再び逃走。茶屋の老婆は食い逃げされたと思い、家康の後を追いかけ、家康から銭を取ったということです。

その茶屋のあった場所一帯が「小豆餅」に、老婆が家康から銭を取ったという場所が「銭取」という小字名になったという地域の伝承です。

それにしても疑問なのは、なぜ慎重派の家康が、信長の打診や家臣の反対を押し切ってまで出陣を決断し、三方ヶ原に打って出たのかということです。よほど家康にとって、命にも代えがたい何かが、出陣を決断させたと考えられます。

ともかく家康が恐怖の戦場から離脱できたのは、多くの家臣の犠牲の上でのことで、この戦いは家康に生涯にわたる悔恨《かいこん》を残しました。

その家康の複雑な心境を帰城直後、描かせたものが、今に伝わる「しかみ像」という絵画です。

家康三一歳の出来事でした。

豆知識　大坂

一四九六年（明応五）、大阪上町《うえまち》台地の北端に、浄土真宗（一向宗《いっこうしゅう》）本願寺八世蓮如《れんにょ》が隠居場として御坊《ごぼう》を建立しました。

この蓮如が書いた『御文《おふみ》』の中に、「大坂《おおさか》」という文字が記載されており、これが文献史料上で、大坂という地名が姿を見せた初例のようです。

この地の古名は難波《なにわ》または浪速。その後、この大坂御坊が「石山本願寺」と呼ばれ、その勢力の拡大と共に大坂という地名も広まっていきました。

一五三二年（天文元）、京都山科《やましな》にあった本願寺の本山が、六角氏と法華宗徒《ほっけしゅうと》のために焼失します。時の法主祥如《しょうにょ》が、本山の機能を大坂御坊に移転し、これが石山本願寺と呼ばれるようになりました。

この地は当初「おさか」と呼び「小坂」「御坂」と書いたようです。小坂の語源は上町台地を登る坂を意味したようです。これが転じて「大坂」に。

石山本願寺が歴史上注目されるのは、一一世顕《けん》如《にょ》の時です。一五七〇年（元亀元）、織田信長は「信長包囲網」の一翼を担っていた石山本願寺に対し、寺を他の地に移すことを要求します。

本願寺側はこれを拒否。信長との間で一一年間にもわたる戦いが展開されます（「石山合戦」）。

この間に、本願寺は全国各地の一向宗徒に、信長への抵抗を指示。各地で一向一揆《いっこういっき》が頻発します。中でも伊勢長島の一向一揆は特に有名です。

なぜ信長は本願寺の移転にこだわったのか。本願寺と延暦寺との共通点は、その並外れた経済力・軍事力を背景にした政治力です。

この点で、信長の「政教分離」政策としては、延暦寺と同様ですが、異なる点は石山本願寺が立地する場所の価値です。実は、ここが大きなポイントなのです（後述の「大坂　その二」一三九頁参照）。

一五八〇年（天正八）、信長と本願寺は和睦。紀伊鷺森《さぎのもり》へ移ることに。転居の際、寺は焼失しました。

豆知識　長篠

愛知県新城市《しんしろし》長篠字《ながしの》市場に長篠城跡、そこから約四㎞西に設楽ヶ原《したらがはら》古戦場跡があります。

この長篠城と設楽ヶ原という二つのポイントで、一五七五年（天正三）五月に戦われたのが、日本の合戦史上有名な「長篠の戦い」です。

長篠という地名の由来は、豊川と宇連川《うれがわ》に挟まれた川岸に、笛や釣り竿に使われる長い篠竹が生えている土地という意味とのこと（『鳳来町誌《ほうらいちょうし》』）。

一五七二年（元亀三）、三方ヶ原の戦いで家康に大勝した武田信玄は、その翌年、陣中で病没。その家督を継いだのが信玄の四男勝頼《かつより》です。

「長篠の戦い」の発端は、長篠城城主の奥平貞昌《おくだいらさだまさ》が武田方から徳川方に寝返ったことに始まります。

一五七五年（天正三）五月六日、勝頼は長篠城奪還に向け兵一万五〇〇〇を率いて甲府を出発し、五月一〇日には長篠城を包囲、降伏勧告を出します。

しかし、城主の奥平貞昌はこれを拒否。長篠城の城兵は五〇〇ながら、城は天然の要害。かつ鉄砲二〇〇挺を揃え、鉄壁の守りを固めていました。

五月一一日、武田方は城の守りが比較的薄い、西側と北側からの攻撃を開始します。他方、防御する城の城兵は鉄砲を有効に活用し、長篠城をめぐる壮絶な攻防戦が繰り広げられることとなりました。

その頃、徳川家康の要請で、織田信長が岐阜より大軍を引き連れ岡崎城に到着します。

数日後、長篠城からの使者が厳重な武田方の包囲網を突破して岡崎城に到着。長篠城攻防戦の危機的状況及び緊急の援軍要請を行います。それを受け、織田・徳川連合軍は岡崎城を出発することに。

五月一八日、織田・徳川連合軍は長篠城の西方約四㎞に位置する設楽ヶ原に到着。そこで早速野戦陣地構築を開始します。それは、設楽ヶ原を南北に流れる連吾川《れんごがわ》に沿って、約一㎞にわたる馬防《ばぼう》柵《さく》と土塁《どるい》、そして堀の掘削《くっさく》という大工事でした。

豆知識　寒狭川

前頁で紹介した長篠城は、「寒狭川《かんさがわ》」と大野川が合流する場所に突き出した断崖絶壁の上にあり、天然の要害でした。この寒狭川をめぐり、長篠城攻防戦上で、あるドラマが展開されました。

一五七五年（天正三）五月、長篠城は武田勝頼の大軍に包囲され、連日の攻撃と兵糧《ひょうろうぜ》攻めにあい落城寸前まで追い込まれていました。そこで城主の奥平貞昌は徳川家康の岡崎城に援軍要請を決断。

しかし、武田軍の包囲網を抜け出し、六五㎞も離れた岡崎城にたどり着くのは命懸けの大役です。この時大役をかって出たのが鳥居強右衛門《とりいすねえもん》です。

水泳が得意な彼は、夜陰に紛れ城の下水口から抜け出し、崖下を流れる寒狭川の川岸へ。さらに水中を巧みに泳ぎ切り包囲網の突破に成功。途中近くの山頂で狼煙《のろし》を上げ脱出成功を知らせます。そしてひたすら岡崎城を目指し走り続けました。

岡崎城にたどり着いた強右衛門は早速、岐阜から駆けつけていた信長と家康を前に、長篠城の近況と援軍要請を嘆願する奥平貞昌の言葉を伝言。信長・家康はこの要請を快諾しました。

信長は強右衛門の行為に感激し「休息を取って道先案内を……」と話すも、「一刻も早く城の仲間に援軍を知らせたい」と強右衛門は答えます。

そして彼は来た道を引き返し、途中、「援軍来る」を知らせる狼煙を近くの山頂から上げました。その強右衛門が城に接近したところを武田軍が捕獲。武田勝頼は彼に、「城兵に向かい援軍は来ないと叫べば助命し恩賞も与える」と提案。彼はこれを承諾し、城対岸の崖の上に立ちます。

瞬間、発した言葉が「援軍は間もなく来る！」。強右衛門の叫びに、城内から歓喜の声が……。

激怒した勝頼は強右衛門をその場で処刑。逆に、強右衛門のその壮烈な死は、長篠城城兵の士気を大いに奮い立たせたと言います。

豆知識　**設楽ヶ原**

「長篠の戦い」の舞台は長篠城攻防戦から、一転して城から約四㎞西の「設楽ヶ原《したらがはら》」に移ります。現在この地は田園地帯です（新城市竹広の一帯の地域）。

元々「設楽」という地名は、三河東北部の郡名。『信長公記』では決戦の地は有海原《あるみはら》との記述が。

さて、前頁からの継続ですが、織田・徳川連合軍の動きを知った武田軍では軍議が開かれます。

軍議では、信玄の頃よりの重臣たちは慎重策をとり、連合軍との正面衝突を避けるよう勝頼に退却を進言したと言われます。しかし、勝頼はこれら重臣の意見を退け、決戦を決断しました。

五月二〇日、武田軍は兵三〇〇〇を長篠城の押さえに残し、残り一万二〇〇〇を設楽ヶ原に向け進軍開始。設楽ヶ原到着後、一三ヵ所に分かれて布陣しました。

五月二一日「明け方」（朝六時頃）、戦闘が開始。信長は「敵方の動きを見て、命令するまでは出撃しないよう前もって全軍に厳命」「敵陣近くまで足軽隊を攻めかからせて敵を挑発した」と初戦の様子を『信長公記』は伝えます。

辰《たつ》の刻《こく》（午前八時頃）、突然、主戦場設楽ヶ原のはるか後方で鉄砲の轟音と黒煙が。実は前日の夜、信長は急遽連合軍側の四〇〇〇の兵に五〇〇挺の鉄砲を持たせ「長篠城救援部隊」を編成します。その部隊は夜間闇に紛れ行動を開始。山地を迂《う》回《かい》し、長篠城を包囲する形で設置された武田方の鳶《とび》ケ《が》巣《す》山《やま》の砦《とりで》に翌朝到達し、これを奇襲しました。

これが「辰の刻」の突然の鉄砲の轟音です。

武田軍はこの後方からの轟音に大混乱を来たすことになります。これにより主戦場となった設楽ヶ原の武田軍は「前後から攻められて」本格的に「出撃してきた」と『信長公記』は語ります。

信長の心理作戦は見事的中。この瞬間武田勝頼の心境たるや、いかなるものだったでしょうか。

豆知識　設楽ヶ原　その二

『信長公記』によると、主戦場設楽ヶ原では「一番手は山県昌景《やまがたまさかげ》が攻め太鼓を打ち鳴らして攻め寄せたが、鉄砲で散々に撃ち立てられ退却した」「二番手には武田信廉《のぶかど》が……」「三番手には、西上野の小畑《おばた》の一党」と、こうした武田軍の波状攻撃が幾度も繰り返されます。

しかし織田・徳川連合軍側は「敵は入れ替わり立ち替わり攻めかかって来たが、こっちからは軍勢は一隊も出撃させず、鉄砲だけを増強して足軽であしらった」結果、「敵方は打倒され兵力を削がれて退却した」とあります。

連合軍側が「鉄砲隊を入れ替わり立ち替わ」らせ戦う状況が、未《ひつじ》の刻（午後二時頃）まで継続。結果「武田方は多くの兵が討たれ、しだいに兵力が少なくなって、諸隊とも武田勝頼の本陣に逃げ戻り、かなわないと悟ったのか、鳳来寺めざしてどっと退却した」。それを連合軍側は、「長篠の軍勢と共同して一斉に武田軍を追撃させた」とのことです。

結果、武田方は内藤・馬場・山県・真田・甘利・原など主な武将を失い、兵の数と合わせ一万以上の戦死者を出したと『信長公記』は伝えます。

連合軍側の勝因を簡単にまとめてみますと、大量の鉄砲の組織的運用、巧みな地形利用と馬防柵等の防衛陣地構築、相手の二～三倍の兵力の大動員、巧みな心理作戦（別動隊により背後からの奇襲作戦）、武田方の決定的情報不足（信長は味方の兵を敵方から見えないように窪地に隠し配置）等。

ともかくこうして約八時間にもわたる壮絶な戦いで「戦国最強の騎馬軍団」は壊滅しました。

この戦いの影響は、武田家の衰退と滅亡、鉄砲の効果的活用による築城法・戦術・戦法の画期的変化等々挙げられます。が、中でも一番大きな影響は、「信長包囲網」が崩れたことで、戦国の世が終焉に向かう大きなきっかけとなったことです。

豆知識　安土

節の冒頭でも述べた通り、「安土《あづち》」は、滋賀県近江八幡市東部の地名です。織田信長が安土山に築いた安土城により、歴史にその名を残すことになります。

地名の由来は、信長が「平安楽土」からとったという説。安土山が「矢場のあづち（＝弓場で、的《まと》をかけるために土を山形に高く盛ったもの）」に見えた説など諸説あります。

「長篠の戦い」に勝利した信長は、その翌年（一五七六年・天正三）、琵琶湖の湖畔にある安土山に築城を開始（標高一九八ｍ）。三年後の一五七九年（天正七）、安土城を完成させました。

石造りの七層五階の天守閣を中核とした大城郭で、本丸・二の丸を中心に多くの曲輪《くるわ》が配置され、曲輪一つ一つが家臣の屋敷となっていました。

中心部は総石垣造りで、近世城郭の先駆けともなった当時の技術を結集した最新鋭の城でした。

特に際立っているのが本確的天守閣の存在です。近年の発掘調査では屋根瓦に金箔が施されていたことも確認されています。城の壮麗さはよほど目を見張らせるものがあったのか、宣教師ルイス・フロイトは故郷への手紙で安土城を絶賛しています。

安土城は信長が天下統一のために築いた城です。拠点を岐阜から安土に移した理由は、安土が水陸の交通の要衝であったこと。そして何より京都に近いという利点が挙げられます。

また、越後の上杉謙信や北陸の一向一揆対策を指摘する研究者もいます。

安土城は政治機能を持った信長の権力の象徴であったことは違いありません。が、信長はそれに留まらず、城下町造りも経済政策の一環とし、セットで捉えていたところが彼の卓越した才能です。

安土城はその後、一五八二年（天正一〇）に起きた本能寺の変で明智光秀が接収。山崎の戦いで光秀が敗死すると、混乱の中で城は焼失しました。

豆知識　安土　その二

経済の活性化とは人・物・貨幣《かへい》の流通にかかっていると言われます。一般的に信長の代表的経済政策と言えば楽市楽座《らくいちらくざ》・関所の廃止・撰銭令《えりぜにれい》です。その点でこの三つの政策は理にかなっています。

戦国大名の中で信長ほど拠点となる城を移転した人物はいません。移転には財力が必要だからです。ところが信長は移転するたびに財力を増しています。そのカギが「城下町」の繁栄です。

信長は安土以前より支配下の各都市では、まず、市街地を整備して近在の商人を集め、商工業振興のための政策を打ち出してきました。

「楽市楽座」の「楽」とは自由という言葉が一番近いイメージです。市座銭（市場税）を払わなくとも、座（商工業者の同業者組合）に入らなくとも、誰もが自由に商売できるとするものです。

ただし、個別に税を取らない代わり、大商人からは上納金（冥加金《みょうがきん》・矢銭《やせん》）を募りました。

当時の関所は、通行するたびに関銭《せきせん》（通行税）を取っており、商品流通にとって大きな障害でした。そこでこれを廃止することで、更なる経済力アップにつなげていったわけです。

「撰銭令」は、当時の通貨の多くは宋や明からの輸入銭（永楽通宝《えいらくつうほう》は有名）でしたが、中には個人製造のものまでありました（私鋳銭《しちゅうせん》）。そこで信長は「悪貨と良貨の交換比率と劣悪な私鋳銭の廃棄」を決め、貨幣の流通促進を図りました。

多くの戦国大名の経済政策は、領地を増やして勢力拡大を図ることでした。

信長が他の大名と大きく異なる点は、彼が領地より、「銭」の増益＝貨幣経済促進に、より多くのエネルギーを注いだという点です。

信長が自軍の旗印に当時の流通貨幣である「永楽通宝」を用いたのも、信長特有の経済感覚の自己表現とも読めます。

豆知識　愛宕

「愛宕《あたご》」という地名は北海道から九州まで、全国に三〇〇ヵ所以上あるとも言われ、またこの地名が付く山も各地に存在します。

これらの地名のほとんどは、京都市の西にそびえる愛宕山、そして山頂に鎮座する「愛宕神社」を発祥とする信仰が由来と考えられています。

京都愛宕神社の起源は七八一年（天応《てんおう》元）、光《こう》仁《にん》天皇の勅命により、鎮護国家のため創建。全国約九〇〇の愛宕神社の総本宮になっています。

愛宕の地名の由来は、祭神カグツチ（火の神）の誕生にあたり母神イザナミを焼死させたことから「仇子《あだこ》」と呼称された説。場所が京の側面・背面（＝アテ）という言葉からきた説もあります。

一五八二年（天正一〇）五月二八日、信長の命で中国毛利攻めへの出陣準備を整えた明智光秀は、わずかな側近を伴い愛宕神社へ戦勝祈願に参拝。そのおり、おみくじを引きますが思うような結果が出ず、三度も引き直したとも言われます。

光秀は翌日、愛宕山内の西坊威徳院《いとくいん》で連歌会を開催し、次のような句を詠《よ》みました。

ときはいま　あめが下しる　五月《さつき》かな

問題は「あめが下しる」（天が下しる）の解釈です。天が下しるとは「天下を治める」という意にも取れますが、主語によって歌意は大きく異なり、そこに光秀の本心が隠された句とも言えます。

六月一日の夜、亀山城を発した光秀は老ノ坂峠《おいのさかとうげ》に差し掛かった時（山陰道と京都への道の分岐点）、重臣を集め軍議を行い自分の決意を明かします。

「敵は、本能寺にあり！」この一言で、明智軍一万三〇〇〇は突如進路を山陰道から京都へ向け、峠から一気に京の市中に駆け下りていきました。

翌二日早朝、信長の宿泊所京都本能寺を襲撃。紅蓮《ぐれん》の炎の中で信長は自刃し生涯を閉じました。信長、享年四九（「本能寺の変」）。

豆知識　山崎

全国各地に「山崎《やまざき》」という地名はあります。が、ここでいう山崎は、ウイスキーで有名なサントリー山崎蒸溜所のある大阪府と京都府の境に位置する、京都府乙訓郡《おとくにぐん》大山崎町のことです。

一五八二年（天正一〇）六月一三日、この地で明智光秀と羽柴《はしば》秀吉は対戦します（「山崎の戦い」）。本能寺の変からわずか一〇日余りのことでした。

勝敗や運命の分かれ目を、「天王山《てんのうざん》」と言います。実は、この天王山こそ山崎の戦いの激戦地であり、天下を決めた場所でした。

「本能寺の変」は織田家にとり正に家臣団崩壊の危機でした（嫡男織田信忠《のぶただ》は事件で自害）。

事件当時、信長の主な家臣は軍団長として各地に分散し、地域の戦国大名と対峙、または領地に待機中でした。羽柴秀吉は対毛利攻略戦で、京都より二三五㎞離れた備中高松《びっちゅうたかまつ》（現岡山県岡山市）に。

秀吉が本能寺の変を知ったのは翌日、六月三日の夜半。四日には毛利側との和睦をわずか一日でまとめます。五日、羽柴軍団二万の移動の準備を行い、六日、昼には備中高松を出発します。

そこから六日目の一二日昼、京都山崎に到着（途中一日姫路で休息）。実質五日間で二三五㎞を走破したことになります。

一日の走行距離にして、多い日で七〇㎞。しかも大雨の中（少ない日で二〇㎞）、二万人以上の軍団が、武具を付け武器を担いでです。この驚異的強行軍を秀吉の「中国大返し」と言います。

途中、大坂で織田信孝《のぶたか》と丹羽《にわ》長秀《ながひで》の軍に合流。軍勢合わせて四万に。対する明智軍は準備の間もなく、支援する者もなく一万五〇〇〇で戦うことに。

一三日に両軍は激突。数に勝る秀吉・信孝連合軍が圧勝だったことは言うまでもありません。

戦いの名目上の総大将は織田信孝（信長の三男）ですが、実質的に軍を采配したのは秀吉でした。

豆知識　伊賀

家康の人生には、死と隣り合わせの三大危機と伝えられるものがあり、前述した、三方ヶ原の戦いもその一つ。ここでは「伊賀越《いがご》え」を紹介します。

「伊賀」は、旧伊賀国、現在の三重県西部・上野盆地一帯の地域をさす呼称です。伊賀は甲賀《こうか》と並び忍者の里として有名ですが、地名の由来は諸説あり、険しい山の意のイカ説。山栗のイガ説。伊賀臣(伊賀ゆかりの豪族)の居住地にちなむ説、等々です。

一五八二年（天正一〇）五月、家康は安土城の信長の元を訪れ、そのおり、信長から京や堺見物を勧められ、家臣三十数名と堺の町にいました。

京都で「本能寺の変」が勃発したのはちょうどその時です。事件の知らせは、堺の豪商茶屋四郎《ちゃやしろう》次郎清延《じろうきよのぶ》によって家康の元にもたらされました。

それを知った家康は「京に戻り一太刀なりとも」と言ったそうですが、同行の家臣一同の説得で、三河に戻ることを決意します。

問題は堺から三河への帰郷ルートです。一行は明智軍や野武士などの落ち武者狩りを回避するため、難所続きの最短ルート＝伊賀越えの間道《かんどう》を選択。結果的に堺から岡崎までわずか三日間という驚異的スピードでこのルートを走破しました。この命がけの脱出劇を「神君《しんくん》伊賀越え」と呼びます。

実はこの時、家康と堺まで行動を共にしていた穴山梅雪《あなやまばいせつ》（武田勝頼滅亡後に甲斐武田家の名跡《みょうせき》を継いだ人物）は、家康一行とは別ルートをとって、落武者狩りの土民の襲撃で殺害されました。

この強行軍の裏には、京の豪商茶屋四郎や伊賀衆の服部半蔵正成《はっとりはんぞうまさなり》の大きな働きがあったことも見逃せません(甲賀・伊賀の忍者三〇〇名余を召集)。

また、この脱出劇成功の背景には、「天正伊賀の乱」で信長に苦しめられた伊賀の住人たちを家康が匿《かくま》った、という過去の経緯も大いにプラスに働いたと言われます。

豆知識　清洲　その二

清洲の地名については、前節（一一二頁）で述べた通りですが、織田信長がこの地の清洲城を拠点に、尾張を統一。また、今川義元との桶狭間の戦いに臨んだ際の出陣の地が清洲でした。

この清洲が再び日本史上で脚光を浴びるのは、前頁「山崎の戦い」で戦勝の後に、織田家臣団の重臣がこの地で会議を開催したことです。

一五八二年（天正一〇）六月二七日、信長の重臣、羽柴秀吉・池田恒興《いけだつねおき》・丹羽長秀・柴田勝家の四名が清洲城に集結。織田家後継者問題を話し合います（「清洲（須）会議」）。

会議は、信長の弔《とむら》い合戦の最大の功労者である秀吉リードのもと進行しました。

結果、織田家の継承者は、秀吉推薦の信長の嫡男信忠の子三法師《さんぼうし》（後の秀信《ひでのぶ》）に決定し、勝家の推す三男信孝は三法師の後見人となりました。

しかし秀吉の台頭をあくまでも良しとしない柴田勝家は秀吉に挑戦することとなります。

それが、この会議の翌年（一五八三年・天正一一）四月、旧近江国伊香郡（現滋賀県長浜市）の賤ヶ岳《しずがたけ》付近で戦われた合戦です。結果は、秀吉の大勝で終わります（「賤ヶ岳の戦い」）。

そのおり、信長の三男信孝は勝家側につき岐阜城で挙兵したため、秀吉側についた次男信雄《のぶかつ》と秀吉軍に包囲され降伏します。その後、信孝は愛知県知多半島の野間《のま》に監禁され自害を強要されます。

信孝の辞世の歌が残されています。

昔より　主を討つ身の　野間なれば
報いを待てや　羽柴筑前
（昔から主を討つと言われる内海の野間。私の恨みは深いぞ。報いを待っていろ、秀吉よ）

かつて、源義朝が家臣長田忠致に暗殺された内海の野間に自分の境遇を掛けた信孝の歌です。当時の権力闘争の凄まじさを感じさせられます。

豆知識　大坂　その二

織田信長は大坂石山本願寺に対し、寺の移転を要求。寺側がこれを拒否しました。

これを契機に始まった石山合戦も約一〇年後の一五八〇年（天正八）、和睦が成立。しかし、転居の際、石山本願寺は焼失します。寺内町の大坂は、信長の支配下に置かれることとなりました。

一五八三年（天正一一）四月、賤ヶ岳の戦いに勝利した羽柴秀吉は、同年九月、石山本願寺跡に築城を開始します（大坂城）。

これは、「本能寺の変」からわずか一年三ヵ月しか経過していません。この手際のよさから、「大坂城の築城は織田信長の計画の延長だった」という説を主張する研究者もいます。

石山本願寺への信長のこだわりは、一〇年以上にも及びました。もちろん、石山本願寺が「信長包囲網」の一翼を担っていたからですが、それより何より重要な点は、石山本願寺の土地の価値を信長が高く評価していたからと考えられます。

経済面で見ると寺が立地する場所＝上町台地は淀川《よどがわ》の河口に位置しており、当時、物流を担う船が行き交う要所でした。かつ、貿易港「堺」への通過点でもありました。

軍事面でも、大坂は西国大名攻略の前線基地としての最重要拠点でした。それがゆえに、毛利氏が村上水軍による石山本願寺への物資補給を執拗に継続した理由がこれで理解できるというものです。

そうした信長の「大坂築城構想」を秀吉が引き継いだとしてもごく自然です。

こうして、一五八五年（天正一三）、大坂城本丸が完成。その後、二の丸、総構えの堀、三の丸へ、着々と築城工事は進められていきました。

同時に配下の大名屋敷を置き、また、周辺の町人も集めて大々的に城下町造りも行い、大坂は、政治・経済の中心都市として大繁栄を見せました。

豆知識 小牧・長久手

「小牧《こまき》」は名古屋市の北部に、「長久手《ながくて》」は小牧の南東方向に位置します（現在両地域とも市制が施行）。

小牧の地名の由来は、古代は小牧山付近まで海で、舟の出入りがあり、この山を見て帆を巻いたことから「帆巻山《ほまきやま》」と呼ばれ、それが転じて「小牧」説が。

長久手の「くて」とは、当地の方言で湿地・沼地の意。そこから「長く伸びた湿地・沼地」説が。

この両地域が日本史上に登場するのが「小牧・長久手の戦い」です（一五八四年・天正一四）。

信長の死後、家康は表面上、織田家臣団の跡目相続争いには静観を保ちつつ、旧武田領への領地拡大に最大のエネルギーを注ぎ込んでいました。

その間、信長の後継者として秀吉が台頭します。それに危機感を抱いた信長の次男織田信雄は家康に協力を要請してきます。これを受ける形で家康も立ち上がります。

その結果が、「小牧・長久手の戦い」の勃発です。この戦いは、家康・信雄連合軍（六万）と秀吉軍（一五万）の対決となりました。

数の上では秀吉軍側が圧倒的に優位でしたが、緒戦において、家康・信雄連合軍が戦いを有利に進め、その後は膠着《こうちゃく》状態に陥ります。

そんな中、信雄は秀吉との単独講和を締結し、兵を引き上げてしまいます。家康は戦の大義名分を失い戦いは終結。これが「家康が戦術で勝利し、秀吉は戦略で勝利した」と言われる所以《ゆえん》です。

家康は次男の於義丸《おぎまる》を秀吉の養子（人質）として送ることで、秀吉との和議を成立させました。

秀吉からすれば武力で家康を屈服させることができませんでした。そのため、家康の軍事力の削減も叶わないまま、逆に野戦に強い家康のイメージだけが残った結果に終わりました。

そこで、秀吉は戦略を切り替え、家康を傘下に収めるための「外交戦」を展開することとなります。

豆知識　長崎

「長崎《ながさき》」と言えば、現在の長崎県長崎市がすぐ浮かんできます。ただ、長崎という地名は町・字レベルで全国各地三五件もあるようです。

地名の由来は、長い岬《みさき》がある土地説。この土地を統治した長崎氏から説、などがあります。

古くから海外との交流があった長崎ですが、特に注目を集めるのが戦国時代です。

この地を治めていた日本初のキリシタン大名大村純忠《おおむらすみただ》は、自領でのポルトガルと貿易を望み、一五七一年（元亀二）、長崎を開港しました。

その結果、長崎は南蛮貿易の中心地、キリシタンの町として多くの教会が建てられました（ポルトガル・スペインは貿易と布教活動が一体化）。

こうした流れの中で、キリシタン大名大村純忠は、一五八〇年（天正八）、長崎をイエズス会に寄進しました（長崎の植民地化）。

世界史的には、当時は大航海時代に当たります。スペインやポルトガルは、植民地獲得のために「布教や交易を広め、その後、軍事侵略をする」というパターンで海外侵出を推進中でした。

そんなおり、秀吉は九州征伐を実施。現地を視察し、様々な情報を入手します。長崎の教会領化。キリシタン大名による領民へのキリスト教の強制と神社・仏閣の破壊。南蛮人商人が日本人を奴隷《どれい》とし海外売買、これに宣教師が関与等々。

初めは秀吉も信長同様、南蛮貿易とキリスト教布教活動に寛容でしたが、九州を平定した直後の一五八七年（天正一五）、突然「伴天連《ばてれん》追放令」を発令（宣教師退去と布教制限。貿易は自由）。翌年、長崎を秀吉の直轄地としました。

その後、貿易との関係で、特に宣教師を取り締まることもなかった秀吉ですが、一五九七年、京都で活発化した布教活動を取り締まり、宣教師・信者を捕捉。長崎に連行して、二六名を処刑しました。

豆知識　小田原

神奈川県西部に位置するのが小田原市《おだわらし》です。

「小田原」の地名の由来ですが、古代地名の小《こ》由留木《ゆるぎ》の草書体の読み誤り説。田原や野原が続いている説。原野を開墾して小田となった説等々、様々あります。

この地名が日本の歴史舞台に華々しく登場するのが、難攻不落と言われた小田原城をめぐる攻防戦です（「小田原征伐」または「小田原の役《えき》」）。

天下統一を目指す豊臣秀吉は九州征伐を終え、最後の独立大勢力とも言うべき関東小田原の北条氏に上洛を促しました。ところが北条氏は秀吉の力をまともに評価できずこれを拒否。

一五八九年（天正一七）、秀吉は諸大名に北条氏討伐を下命しました。先鋒には徳川家康を当て東海道・東山道を進攻。北条氏は籠城策を採用。翌一五九〇年（天正一八）三月、秀吉は自ら小田原城を臨む石垣山に本営を構え、小田原城の大包囲網を構築。その間に支城を個々に包囲。

北条側は三ヵ月に及ぶ籠城戦で士気が低下。評議も難航し結論を出せず（小田原評定《ひょうじょう》）。内部からの離反も相次ぎ、六月末、ついに降伏。

この間、奥州伊達《だて》政宗《まさむね》も秀吉の元に参じ屈服。これにより、秀吉の全国制覇は達成しました。

ここで注意したいのが、その後の徳川家康の動向です。小田原の役の直後のこと、秀吉は、家康に三遠駿甲信《さんえんしゅんこうしん》（家康の所領五ヵ国）から関東八ヵ国への移封を命じます。家康は秀吉の命に黙々と従い、居城を駿府城から江戸城に移転します。

同時期、国替えを拒否した織田信雄は、領地を没収のうえ大名を改易《かいえき》させられています。

その後の家康は豊臣政権下、「律義者《りちぎもの》」という評判のもと、関東の開発、江戸の町の整備等々、秀吉の忠臣としての日々を過ごすことになります。

この間の家康はどのような心境だったのでしょう。

豆知識　名護屋

「なごや」という地名はここで扱う「名護屋」以外にも、名古屋（愛知）・奈古屋（静岡）・名越屋（高知）等、あります。表題の名護屋は佐賀県唐津《からつ》市鎮西町《ちんぜいちょう》の字名です（東松浦半島先端）。

「なごや」という地名の由来は、「和《なご》やかな地形の場所についた地名」説があります。

名護屋については「穏やかな入り江につけられた地名」説が最も自然ではないでしょうか。

この名護屋という地名が日本史上で脚光を浴びるのが、豊臣秀吉の二度にわたる朝鮮出兵です。

・「文禄《ぶんろく》の役《えき》」（一五九二年・文禄元）
・「慶長《けいちょう》の役」（一五九七年・慶長二）

この朝鮮出兵時の軍事拠点として、名護屋の地に構築された巨大な城郭こそが、名護屋城でした。拠点とは言え大坂城に次ぐ規模のこの城は、西国大名の大動員によりわずか五ヵ月で、城の主要部が完成したと言われます（全体で八ヵ月）。ここに朝鮮出兵のため全国の諸大名が参集。城の周辺三㎞圏内には約一三〇の陣屋跡が確認されています。最盛期には人口一〇万の城下町も出現したとか。

秀吉の朝鮮出兵の動機については、様々な説があります。その多くは、秀吉個人の欲望や国内事情を絡めたものがほとんどです。

ただ、当時の宣教師たちの書簡から、近年明らかになりつつあるスペインの世界戦略＝明国への侵略構想は、今後の研究課題になりそうです。この構想も含め、秀吉の出兵動機を考える時、世界的視野に立つ必要性を強く感じます。

朝鮮出兵は、一五九八年（慶長三）八月、秀吉の死により打ち切られ、全軍が半島より撤収。同時に名護屋城もその歴史的役割を終えます。

動機はどうあれ、この秀吉の対外政策が人々の期待を裏切ったことは確かで、その後の豊臣政権崩壊への大きな要因の一つとなっていきました。

豆知識　伏見

表題の「伏見《ふしみ》」は京都市伏見区の地名を指します。同様の地名は全国に二一ヵ所もあります。

地名の由来は、この地が古くから伏流水（浅い地下水）が豊富な土地で伏水と呼ばれており、それが「伏見」という地名に変化したという説が。

伏見は、古くから宇治川による水運が盛んな土地で、京と大坂を結ぶ要衝の地でもありました。

秀吉がこの地に隠居場として築いたのが伏見城。ただし、この城は慶長の伏見大地震で崩壊（一五九六年）。そこで翌年、近隣に第二の伏見城を再建。この城で秀吉は亡くなります（一五九八年八月）。

秀吉の死後、その遺言によって豊臣秀頼《ひでより》は伏見城から大坂城に移り、代わって五大老筆頭徳川家康がこの城に入り政務をとることになります。

この時、豊臣家の宿老前田利家《まえだとしいえ》は後見人として、秀頼と行動を共にし大坂城へ入ります。

これを契機に、その後の政局は、伏見を舞台に大きく動き始めます。まず、家康が多数派工作と豊臣家臣団の切り崩し工作を開始します。

これに敏感に反発したのが前田利家です。続き上杉・毛利・宇喜多《うきた》の三大老と五奉行の石田三成《いしだみつなり》、有力武将もこれに加わります。状況の不利を悟った家康は一旦ここで動きを止めます。

ところが利家の病死直後、豊臣家家臣団の武断《ぶだん》派《は》七将（加藤清正《かとうきよまさ》・福島正則《ふくしままさのり》ら）が官僚派石田三成襲撃事件を起こします。

家康は両者を仲裁。三成を居城佐和山城《さわやまじょう》に蟄《ちっ》居《きょ》させ政権から遠ざけます。武断派七将と家康はこの事件を機に急接近します。

家康は早速、他の大老を自国に帰国させ、自ら兵を率いて大坂城西の丸に入ります。こうして秀頼を手中に収め政権を掌握することになります。

次に家康はライバル大老前田・上杉の「切り崩し工作」に移ります（「加賀征伐」・「上杉征伐」）。

豆知識　加賀

加賀国《かがのくに》は、現在の石川県南部です。八二三年、越前国から分離し加賀国となりました。全国的に「かが」の語源には、「芝原や荒地の草地をあらわす」という説があります。

戦国時代の加賀は、一向一揆《いっこういっき》で知られる本願寺門徒らによる約一〇〇年間の支配が続き、「百姓の持ちたる国」と呼ばれていました。

その一向宗を信長の命で鎮圧したのが柴田勝家（一五八〇年・天正八）。加賀は彼の領国に。さらにこの地を丹羽氏と前田氏が継ぎます。

その後、豊臣秀吉が前田利家を加賀に封じ、利家は加賀・能登《のと》・越中《えっちゅう》の三国の大半を領有。結果、江戸時代を通じ前田氏の加賀藩が「加賀百万石」として、この地を領有することとなりました（現在の石川県・富山県の一部）。

さて、その前田家ですが、初代の利家亡き後を継いだのが利長《としなが》です。彼も父同様に五大老の一人として豊臣政権を支える立場にあり、父亡き後、重責を一手に担うこととなります。

父利家はその死を前に、家康の政治的影響力を警戒し、「三年は上方《かみがた》を離れるな」と利長に遺言を残します。ところが家康の勧めで金沢に帰国。

その一ヵ月後、あまりにできすぎた話ですが、家康の元に「利長に謀反《むほん》の兆しあり」の密告が。そこで家康は「加賀征伐」の構えを見せます。

対する前田家は抗戦派と回避派に分裂。そこで当初、抗戦に傾きかけていた利長は豊臣に対徳川の救援を求めますが、豊臣側はこれを拒否。結局、利長は母芳春院《ほうしゅんいん》の意見に従い、母を人質として江戸に送ることで家康と和解。交戦を回避します。

同様の嫌疑が会津《あいづ》の上杉景勝《うえすぎかげかつ》にも。家康は景勝に上洛を要求します。それに対し上杉家重臣直江《なおえ》兼続《かねつぐ》が書状で逆に家康を糾弾します（「直江状」）。

これを契機に「会津征伐」軍が編成されます。

豆知識　下野小山

「下野小山《しもつけおやま》」とは現在の栃木県小山市に当たります。文献での初見は平安時代の『和名抄《わみょうしょう》』だそうです。

地名の由来は諸説あるようですが「西部の低地から見ると東部の台地が小さな山の形をしていることから」という説が（小山市ホームページ）。

この地名を日本史上有名にしたのは、一六〇〇年（慶長五）、関ヶ原の戦いの前哨戦とも言うべき「小山評定」がこの地で開催されたことです。

秀吉の死後、日ごとに政治勢力を拡大する徳川家康に対し、石田三成を中心とした勢力は危機感を募らせ、家康打倒の計画を推進します。

一六〇〇年（慶長五）七月、徳川家康は五大老の一人上杉景勝討伐のため、会津（福島）に向け諸大名を率いて出陣（「会津征伐」）。この討伐は、秀頼の名の下で決行されたことは注目に値します。

この間、関西では石田三成が動きを活発化し、毛利輝元《もうりてるもと》を総大将に擁立「西軍」を結成します。さらに、三成の西軍は家康の家臣鳥居元忠《とりいもとただ》らが守る伏見城を攻撃し、これを落城させました。

家康は、三成挙兵の一報が入るや、急遽、下野小山に諸将を招集し、今後の対応について軍議を開催します。それが前述の「小山評定」です。

諸将の中には、徳川譜代《ふだい》の大名の他、福島正則・山内一豊《やまうちかずとよ》ら豊臣恩顧の大名もいます。特に後者の大名は大坂城に妻子を人質として残してあることから、彼らの去就が大いに注目されました。

そんな中、東海道沿いに城を構える福島正則・山内一豊らが真っ先に家康に協力を申し出たことで諸将もこぞってこれにならったと伝えられます。

こうして軍議では、会津征伐の中止と三成討伐が決定。家康支持で「東軍」が結成されました。

正にこの小山評定は、「関ヶ原の戦い」のターニングポイントとも言える会議で、家康は「東軍」を引き連れ、西上することとなります。

豆知識　関ヶ原

「関ヶ原《せきがはら》」は現在の岐阜県不破郡《ふわぐん》関ヶ原町に位置します（地名詳細は、第４節豆知識「不破」四七頁参照）。一六〇〇年（慶長五）九月一五日午前八時頃、この関ヶ原にて、「天下分け目の決戦」の火蓋が切られました（「関ヶ原の戦い」）。

当初は石田三成の西軍が予想以上の踏ん張りを見せ、戦況は一進一退の膠着状態に。

三成はこの戦況打開のため、隣に布陣の島津、松尾山の小早川《こばやかわ》、南宮山の毛利に攻撃の合図を送りますが、各隊全く動き出す気配を見せません。

正午頃、家康・三成双方からの誘いに迷っている状況下の松尾山の小早川秀秋《ひであき》に、家康は催促の鉄砲を撃ち放します。ここでやっと秀秋は決断を下し、雪崩《なだれ》を打って眼下の西軍の陣を襲撃。それに呼応し西軍諸大名の寝返りが続出しました。

これがきっかけで西軍は総崩れとなり、午後二時頃、戦いは幕を閉じました。

この戦いを数字で見ると意外な面が見えます。東軍八万八〇〇〇対西軍八万四〇〇〇（他説あり）ですが、西軍の実動は三万八〇〇〇。数的には二倍近くの東軍を相手に善戦していました（毛利・長宗我部《ちょうそかべ》・小早川及びその周辺大名の約二万は傍観）。ところが正午、「裏切り組」の戦闘参加により、一挙に形成は逆転したというわけです。

この戦いの勝因を一言で表現すれば、豊臣家臣団の内部抗争に一枚加わった家康の事前の根回し（手紙攻勢）だったと言う研究者もいます。

勝利した家康は大坂城に入城するや、早速戦後処理を行います（東軍側の武将への論功行賞と西軍側の改易・所領没収・減封《げんぽう》）。

家康は二五五万石から四〇〇万石へ。主要都市や佐渡金山・石見《いわみ》銀山などを直轄領にします。

豊臣家は一九八万石から摂津・河内・和泉の三ヵ国、六五万石へと領地縮小となりました。

12 江戸

安土桃山時代に続く時代が「江戸時代《えど》」です。時代名は「江戸」に幕府が置かれ、政治の中心がこの地にあったことから、この呼称が使われます。具体的には、徳川家康が江戸に幕府を開いた一六〇三年（慶長八）から、一五代将軍徳川慶喜《よしのぶ》が大政奉還《たいせいほうかん》を行った一八六七年（慶応三）までの二六五年間を指します。

地名としての「江戸」の由来は諸説あるようで、

・「川の海に臨んだ江の戸（入り口）、あるいは入り江のある所などの意味」→江戸の「門戸」説

・「土地柄や地勢に関連した古くからの呼称」説

・「江の湊」説

・荏《えごま》の繁茂する「荏土」説

・アイヌ語「ｅｔｕ（岬または端）」説等々

（江戸東京博物館ホームページより）

いずれにせよ、江戸という地名は「当時入江であった江戸の地形」そのものと言えそうです。

江戸の歴史を振り返ると、古代以来この地は、官営の牧《まき》（牧場）が置かれ、荘園《しょうえん》も存在しました。江戸という地名が文献上で初見されるのは一二世紀末鎌倉時代の『吾妻鏡《あづまかがみ》』です。秩父平氏《ちちぶへいし》一族の江戸氏がこの地を本拠地とした記述が見えます。

室町時代に入ると、上杉家家臣太田道灌《おおたどうかん》がこの地に江戸城を築城（一四五七年・長禄元）。この時、江戸には城下町も形成されました。

戦国時代には北条氏が一帯を領有。ところが、一五九〇年（天正一八）、豊臣秀吉による「小田原の役」で北条氏は滅亡します。

同年八月一日（八朔《はっさく》）、関東八カ国に転封《てんぽう》となった徳川家康が江戸城に入城。以後、本格的に江戸城の大改築と江戸の町づくりが行われます。

一六〇三年（慶長八）、幕府開設と共に江戸は、日本の政治・経済の中心となって繁栄することになり、現在の「東京」の基礎となりました。

では、この江戸に幕府が置かれていた時期とは、どのような時代だったのでしょうか。

一言で表せば、「徳川氏の幕府と諸藩が日本の支配機構をなしていた時代」です（幕藩《ばくはん》体制）。

また、この時代は一六四二年五月から一八五四年三月までの二一二年間、海外に対して厳しい統制がしかれていました（通称、「鎖国《さこく》」体制）。

そうしたこともあり、江戸時代は政治・経済・文化・思想の各方面で、日本独自の特色ある発展が見られた時代でもありました。

それでは、この江戸時代の流れを理解するために、幕府政治を中心に見た時代の概要を、大きく五つの時期に分けて掴んでおきましょう。

草創期（幕府の確立期）

一六〇三年（慶長八）、初代家康の幕府の創設から三代家光《いえみつ》の時代まで。反徳川勢力の一掃、諸大名の統制、幕府組織の確立、「鎖国」などの諸政策を強力推進（武断政治《ぶだんせいじ》）。

前期（幕府の安定期）

四代家綱《いえつな》、五代綱吉《つなよし》（元禄期）から七代家継《いえつぐ》の時代（文治政治の高潮期）。将軍の側近勢力が幕政を主導。商品・貨幣経済が進展。

中期（幕府の変革期）

八代吉宗《よしむね》から一〇代家治《いえはる》の時代。幕府や諸藩の財政難深刻化。徳川吉宗の「享保《きょうほう》の改革」、諸藩は藩政改革を進進（例　米沢藩の上杉鷹山《うえすぎようざん》）。

後期（幕府の衰退期）

一一代家斉《いえなり》から一二代家慶《いえよし》の時代。幕府・諸藩の財政さらに悪化。田沼意次《たぬまおきつぐ》商業政策推進→失脚。松平定信《まつだいらさだのぶ》の「寛政《かんせい》の改革」。民間の文化が興隆。江戸が文化の中心地として発展。

幕末（幕府の崩壊期）

一三代家定《いえさだ》から一五代慶喜《よしのぶ》の時代。ペリー来航を契機に尊王攘夷《そんのうじょうい》運動高揚→幕府は緩やかに衰退。薩長《さっちょう》の倒幕《とうばく》運動→幕府は政治的に孤立。将軍慶喜は一八六七年（慶応三）、大政奉還へ。

豆知識

丸の内

江戸は、「将軍のお膝元」と言われたように、江戸幕府所在地（日本の政治の中心地）、政治都市という機能を持ち、日本最大の城下町でもありました。その中核をなしたのが「江戸城」です。

江戸城の歴史は太田道灌《おおたどうかん》の築城（一四五七年）に始まります。しかし、徳川家康がこの城に入城した時、城は規模が小さいだけでなく、築城から時が経過し、かなり荒廃が進んでいたようです。

家康は、一六〇三年（慶長八）から江戸城の整備を開始。一六〇六年（慶長一一）からは、全国の諸大名を大動員した「天下普請《てんかぶしん》」という形で進めました。

工事は、家康《いえやす》・秀忠《ひでただ》・家光《いえみつ》の三代にわたり継続。完成を見たのは一六三六年（寛永一三）のことです。

江戸城は本丸・二の丸・三の丸・西の丸・北の丸からなる国内最大の城郭で、その技術力と規模は、幕府の威光そのものでした。

城の総構えは、東西約五・五㎞、南北約四㎞、周囲約一六㎞の城域を誇る巨大城郭でした。

現在、東京都千代田区に「丸の内《まるのうち》」と呼ばれる地名があります。この「丸の内」の範囲は皇居の東側からＪＲ東京駅の間に位置する一帯で、日本有数のビジネス街として知られています。

丸の内の「丸」は、本丸・二の丸など城を構成する区画のことで、日本全国の城下町の地名として、各地でもよく見られます。

江戸時代は、江戸城の内堀と外堀に囲まれた場所を丸の内と読んだようで、当時は諸藩の藩邸が建ち並んでいました。

現在の「丸の内」地区には江戸時代、二四の大名の藩邸があり、大名小路と呼ばれていました。

現在の「丸の内」は、江戸時代に比べ、範囲がだいぶ狭まりましたが、当時の丸の内の呼び名を、地名としてそのまま残したと言えます。

豆知識　八重洲

「八重洲《やえす》」は東京都中央区の地名で、東京駅東口の一帯を指します（駅西口一帯は丸の内）。徳川家康に仕えたオランダ人ヤン・ヨーステンの名前が訛《なま》り、この地名が誕生（日本名耶楊子《やようす》）。

一六〇〇年（慶長五）三月、オランダ船リーフデ号が豊後国《ぶんごのくに》の臼杵湾《うすきわん》に漂着しました。

この時、情報を耳にしたスペイン・イエズス会宣教師たちは「リーフデ号は海賊船。乗員を死刑に」と家康に直訴。しかし、家康は船を豊後から浦和へとえい航し、乗組員への尋問を行いました。

そこで家康が通訳を介し耳にしたのは、ヨーロッパの政治・宗教情勢でした。尋問を受けた人物の中でオランダ人ヤン・ヨーステンとイギリス人ウイリアム・アダムスは有名です。

彼らは来日目的を尋ねられると「交易」と答え、キリスト教布教の意志のないことを伝えました。

ここで重要な点は交易・布教がセットのスペイン・ポルトガルとは異なるタイプの国がヨーロッパに存在すること。そして、キリスト教は一枚岩ではないということを家康が知った点です。

両名はその後、家康の外交顧問として幕府の外交方針に大きな影響を及ぼし、日本とオランダ・イギリスとの国交の橋渡し役も務めました。

その功績で彼らは江戸に屋敷を与えられます。ヤン・ヨーステンの屋敷所在地名は彼の名を取り、「八重洲町」に（現千代田区丸の内地区）。

この点は少し複雑な話になりますが、この町名は一九二九年（昭和四）に一旦消滅。戦後（一九五四年・昭和二九）、中央区の町名改正で東京駅東側に地名だけが「移動」し、再び復活しました。

ウイリアム・アダムスも三浦按針《みうらあんじん》という日本名で、外交顧問・旗本として活躍。屋敷は江戸日本橋に与えられました。現在「按針通り」とし、彼の名をその通り名に留めています。

豆知識 日比谷

東京都千代田区有楽町に日比谷《ひびや》駅や日比谷公園があります。しかし「日比谷」という行政地名はなく、日比谷通り周辺一帯を指す地域名です。

一五九〇年（天正一八）、関東八ヵ国に転封となった徳川家康が江戸城に入城します。

その頃の江戸の地形は現在と大きく異なっており、城の間際まで日比谷入江が深く入り込み、現在の皇居外苑や丸の内辺りまでが海でした。

日比谷入江は、平均幅約六〇〇m、奥行約五㎞の入江で、平川が入江に注ぎ込んでいました。

日比谷という地名は、海苔《のり》養殖をする時に使う木の枝（ヒビ）に由来するという説があります。

一六〇三年（慶長八）、家康は将軍宣下を受けると、全国の大名に命じ、「天下普請」という形で江戸の大改造に着手します。

命を受けた各大名は、領国から石高に見合った人夫を引き連れ、この大工事に参加しました。

当初の工事の重点は、城の普請より日比谷入江の埋め立てが中心で、それに、埋め立てのための準備工事＝平川のバイパス水路工事が付随しました（道三堀《どうさんぼり》・新平川の削岩工事）。

この埋め立てのための土砂は、神田山を切り崩し利用され、平坦になった跡地は高台の神田駿河台として現在も当時の名を留めています。

こうした天下普請により造られた、徳川幕府の約二六〇年間の土台となる江戸城と江戸の町は、三代将軍家光の頃までにほぼ完成を見ました。

「大坂夏の陣」終了直後（一六一五年）、「一国《いっこく》一城令《いちじょうれい》」や「武家諸法度《ぶけしょはっと》」が発令されました。が、この天下普請もこうした法令同様に、全国諸大名への無言の圧力と経済的負担となり続けます。

家康・秀忠・家光の三代（五〇年間）だけで、一三一藩の大名が領地没収・取り潰し（＝改易《かいえき》）になっています（親藩《しんぱん》・譜代《ふだい》四九、外様《とざま》八二）。

豆知識　日本橋

東京都中央区には、日本橋本町《にほんばしほんちょう》を始め行政地名として、日本橋○○町と呼ばれる町名が二一ヵ所あります。その地名は日本橋川という河川にかかる「日本橋」が由来です。

一六〇三年（慶長八）、幕府を開いた徳川家康は、当時、江戸城大手門真近まで入り込んでいた日比谷入江の埋め立てを諸大名に命じます。その際に、江戸城の掘割りと共に江戸の町割りも進めます。

この時にかけられたのが日本橋でした。この橋の名前の由来は次のような諸説があります。

・この地から朝日が海上から昇るのが見えた説
・二本の木（丸太）で築造された橋だった説
・全国諸大名が造った江戸の町の橋だから説
・江戸の中心にあり、全国への街道の起点説

日本橋がかけられた翌年には、この橋を起点に五街道が定められます（東海・日光・奥州・甲州の街道と中山道《なかせんどう》）。これと同時に、この橋を起点として、各街道に一里塚も築かれました。

現在も、「東京まで○○km」という道路標識は、この日本橋までの距離を表示しています。

江戸時代、「武家諸法度」によって定められた参勤交代《さんきんこうたい》ですが、この時の大名行列を歌った歌に、『お江戸日本橋』があります。

お江戸日本橋　七ツ立ち　初のぼり　行列そろえて　あれわいさのさ　こちゃ　高輪《たかなわ》　夜明けて　提灯《ちょうちん》消す　こちゃえ　こちゃえ

この歌から、大名の江戸出立が、日本橋を七ツ立ち（午前四時頃）だったこと。当然、暗いので灯りが必要だったことがわかります。

早朝に出発し、時間を節約し、歩く時間を少しでも長くとることで距離を延ばし、旅費の節約につなげようとする大名の苦労が滲み出た歌です。

ともかく、参勤交代の起点ともなった日本橋。現在の橋は初代から数えて二〇代目だそうです。

豆知識　水道橋

「水道橋《すいどうばし》」は東京都千代田区神田にあるＪＲ中央線の駅名です。

どのような都市でも、その機能を維持するため、ライフラインの整備は欠かすことができない必須条件です。中でも上水道の完備は絶対必要条件です。「この時代の江戸に上水道があったの？」と、意外に思う方もいるでしょうが、当時の江戸っ子の自慢は、「水道の水で産湯《うぶゆ》を使う」だったとか。

では、誰がこの事業を手掛けたのでしょうか。

実は、一五九〇年（天正一八）、徳川家康が江戸入府のおり、城造り・町造りと同時に着手したのが、この水道開設のための工事でした。それ以後も、幕府の上水道網整備事業は続きました。

上水道はまず関東平野を流れる大河川から地表の水路に水が引き込まれ、市街地に入ると地下に設置された石や木の水道管を使い分配されました。石や木の水道管が、今でいう土管の役割を担っていたわけです。

市中では二〇ｍ～三〇ｍ四方に一ヵ所の割合で、水道のための井戸が掘られ、地下水道からこの井戸に支管を通して水が流し込まれていました。

この上水道は川の高低を利用した「自然流水式」であったことから、高低差があり坂が多い江戸は緻密な計算が必要とされ難工事続きであったことが想像されます。大変に高度な技術力です。

また、水質や水量の管理のため、水番屋《みずばんや》という施設も設置されていました。この上水道の総延長はなんと一五二㎞にも及び、正に当時世界一の地下水道規模でした。

水道料金は武士は禄高《ろくだか》に応じ、町人は表通りの間口の広さで、長屋は大家が一括し支払ったとか。

なお、現在東京ＪＲ中央線の「水道橋」の駅名は、当時この上水道がお堀をまたぐ橋を通っていたことが、駅名の由来と伝えられます。

豆知識　永代島

東京都江東区に「永代《えいたい》」という地名があります。この地は江戸時代は永代島という島でした。この島の名前の由来は定かではないようです。

前頁ではライフラインの一環として、江戸の上水道について紹介しましたが、都市が抱える大きな問題の一つにゴミ処理問題があります。

最盛期に一〇〇万以上の人口を抱えた江戸が、どのように衛生状態を保ったのか関心が持たれます。

まず下水道ですが、木組み・石組みで設備を設置。下水は川や堀を通じ江戸湾に流し出しました。糞尿《ふんにょう》・生ゴミは江戸近郊の農家や専用業者が、野菜や薪《たきぎ》と交換で回収し、畑の肥料にしました。

では、一般ゴミはどうしたのでしょうか。なんと、幕府公認の専用業者が収集・運搬・処理する方法をシステム化していました。同時にゴミ収集・運搬時に清掃と不法投棄監視も実施していたというから驚きです。幕府は堀・川へのゴミの不法投棄を法令で禁止し、触書《ふれがき》をたびたび出していました。

町内の清掃・美化は、幕府が町民に対し連帯責任で命じ、町組織で清掃も実施されました。

そして、回収したゴミは最終的に船で永代島に運び、埋め立てに用いました。こうした永代島でのゴミによる埋め立ては、一六五五年（明暦元）、五代将軍綱吉《つなよし》の時に開始され、その後も約七五年間にもわたり継続されたと言います。

その後も、ゴミによる埋め立て地造成は新しい指定地で続けられ、今日に受け継がれています。

さらに、江戸の人々はゴミを減らすための工夫も徹底しており、再資源化（リサイクル）を図ったことも知られています。

廃品については様々な回収業者（紙屑《かみくず》・古着・古傘・古樽・古箒《ふるぼうき》・古行灯《ふるあんどん》・灰・流れ蝋《ろう》）がおり、回収した物を修理・再生する専用業者も存在しました（例　紙屑→再生紙「浅草紙」）。

豆知識 八丁堀

年配の方で、この地名を聞くと、すぐに時代劇の町方同心《まちかたどうしん》を思い浮かべる方もいると思います。同心とは、「奉行《ぶぎょう》などの配下にある下級役人」のこと。江戸では町奉行所属の町方同心が有名です。現代で言えば、警視庁の刑事・警察官です。

この町方同心の組屋敷が置かれたのが八丁堀《はっちょうぼり》で、当時「八丁堀」が彼らを指す通称となりました。現在も東京都中央区八丁堀一丁目〜八丁堀四丁目が行政地名として現役です。

八丁堀の地名は、この土地の堀の長さが八町（約八七二m）だったことに由来します。

当時の江戸の治安の担当官は南北両町奉行所を合わせ、与力《よりき》五〇人・同心二〇〇人で、合わせてわずか二五〇人しかいませんでした。

しかも南と北で月ごとの輪番制ですので、実際はこの半数で見回っていたということになります。与力・同心の配下には、目明《めあか》しと呼ばれる同心お抱えの私設探偵のような人々もいましたが、数としてはそんなに多くはいなかったようです。

現在、東京都警視庁警察職員数は五万九一三人です（二〇二〇年一月現在）。この人員と比較するまでもありませんが、当時の江戸の治安担当者数がいかに少なかったか、驚くばかりです。

前頁で江戸の衛生管理状況を見たわけですが、「クリーンな都市ほど犯罪は少ない」とよく言われます。筆者も全く同感です。

江戸市中での殺人事件も年に一度あるかないかで、亨保《きょうほう》年間には伝馬町《てんまちょう》の牢屋《ろうや》になんと被疑者がゼロという時期もあったそうです。時代劇がいかに誇張されているかこれでわかるというものです。

また、犯罪を起こりにくくするような様々な組織も。その例が各町内に置かれた自身番《じしんばん》です（交番と消防を兼ねたような組織）。自身番小屋に地元で番人を出し、町民の安全を維持していました。

豆知識　佃島

佃煮《つくだに》と言えば誰もが知るご飯のお供、「具材を醤油《しょうゆ》で甘辛く煮た料理」です。

この佃煮の「佃」という地名は、なぜか現在、東京都と大阪府のそれぞれに存在します。東京都中央区佃と大阪府西淀川区佃です。この二つの「佃」には、どのようなつながりがあるのでしょうか。

実は、この二つを結び付ける、ある歴史的な事件が存在するのです。

それが一五八二年（天正一〇）の「本能寺の変」です。この事件は、織田信長が家臣の明智光秀の謀反により京都本能寺で自刃したというものです。

この時、信長の関係者がどこにいたのか。その位置関係により、その後のその人物の運命は大きく左右されることとなります。

ここで取り上げたい人物が、徳川家康です。家康はこの事件が起きた時、信長に安土へのあいさつがてら、わずかな家臣と共に大坂堺で見物旅行の真っ只中でした。当然、光秀にとって家康は信長の盟友ですので倒すべき標的となります。

事件を知った家康は直ちに本拠地岡崎に戻るため、堺脱出を試みます。その家康の前に立ちはだかった最初の難関が淀川水系《よどがわすいけい》の神崎川です。川を渡る船が無かったからです。そこに登場したのが、付近の「佃村」の庄屋と漁師たちです。

そのお陰で、その後のいくつかの難関も乗り越え、無事家康一行は岡崎にたどり着きました（以後の脱出劇は、第11節豆知識「伊賀」一三七頁参照）。

この時の恩を感じた家康が、江戸幕府開幕後、大坂佃村の漁師三四名を江戸に呼び寄せ、土地を与えて庇護《ひご》したと言います。その土地こそが江戸の「佃島《つくだじま》」（現中央区佃）だったということです。

こうして特別の漁業権を与えられた彼らは、以後江戸前の海でシラウオを取り「佃煮」として将軍に献上したと伝えられます。

特別編1　東京の地名あれこれ

その一　ＪＲ山手線の各駅名巡り（時計回り）

東京《とうきょう》　明治維新で江戸を改称。西の京都に対し、東にある都を意味したことに由来。

有楽町《ゆうらくちょう》　織田信長の実弟織田有楽斎《うらくさい》の上屋敷がこの地にあったことに由来。有楽斎は茶人として有名。

新橋《しんばし》　江戸城の外堀の汐留川《しおどめがわ》にかかる橋「新橋」に由来。日本の鉄道発祥の地。

浜松町《はままつちょう》　一六九六年（元禄九）、遠州浜松生まれの権兵衛がこの地の名主となったことに由来。

田町《たまち》　この地は田畑が広がる土地でしたが、商家が増え田畑が町屋になったことが由来。

品川《しながわ》　目黒川の古名を品川と呼んだ説。領主品川氏にちなむ説。鎧《よろい》の威《おどし》に用いる品革を染めだした地から地名に転じた説。品よき地形であったところから高輪《たかなわ》に対し品ヶ輪と名付けたという説等々。

大崎《おおさき》　秩父山《ちちぶやま》から続く山の裾の先端（尾崎）を書き改め、大崎村としたことが由来。

五反田《ごたんだ》　目黒川の谷周辺の水田の一区画がちょうど五反だったことに由来。

目黒《めぐろ》　当地所在の目黒不動の称号を村名とした説。毛色または目色が黒い馬の名前からとった説等。

恵比寿《えびす》　日本麦酒醸造のために開設した駅で、当社のビールの商標「恵比寿」に由来（明治二〇）。

渋谷《しぶや》　源義朝の家臣渋谷金王丸《しぶやきんのうまる》の父親の領地だったことが由来。第6節豆知識「野間」七二頁参照。

原宿《はらじゅく》　鎌倉から奥州へ通じる鎌倉街道沿いにあった村で、宿駅が置かれていたことが地名の由来。

代々木《よよぎ》　当地の村人たちが代々、サイカチの木の生産に当たっていたという説から。

新宿《しんじゅく》　甲州街道の日本橋～高井戸《たかいど》の間、四里もあるが宿場がないことから、その中間に設けられた新しい宿場、内藤新宿が由来。

新大久保《しんおおくぼ》　ＪＲ中央線「大久保」一六〇頁参照。

高田馬場《たかだのばば》　家康の子、越後高田藩主松平忠輝《ただてる》の母高田君《たかだのきみ》の芝生庭園を馬場にしたことに由来。

目白《めじろ》　この地で白い名馬を産した説。徳川家光が鷹狩の際に「目黒」に対し「目白と呼ぶべし」と命じたから説。江戸開府時、慈眼大師《じげんだいし》が五色不動を造立の際、白目の不動像が置かれたため説等々。

池袋《いけぶくろ》　この地に多くの池があったから説。袋池と呼ぶ袋の形をした大きな池があった説。伝承で池から亀が袋を背負い出てきた説等々諸説あり。

大塚《おおつか》　大きな塚があったことに由来することは確かだが、その塚をめぐり諸説あり。

巣鴨《すがも》　大きな池に鴨が群れ棲《す》んでいる「洲鴨《すがも》」説。石神井川《しゃくじいがわ》に臨んでいるので「洲処面《スガモ》」説等。

駒込《こまごめ》　日本武尊《やまとたけるのみこと》が東征のおり、味方の軍勢を見て「駒《こま》ごみたり」と言ったことに由来説。原野に駒（馬）が多く群がっている様子から説。古来渡来の朝鮮（高麗）人が住み高麗籠《こまかご》が転訛《てんか》した説等々。

田端《たばた》　田の端に集落があったことに由来。崖を境に崖上を「上田端」、崖下を「下田端」と呼びました。

西日暮里《にしにっぽり》　日暮里の西に位置することから。

日暮里《にっぽり》　室町時代の文献に「新堀《にいほり》」として登場。当地は高台で眺望がよく、「日が暮れるまでいても飽きない里」ということから、「日暮らしの里」となり、「日暮里」となった説。

鶯谷《うぐいすだに》　元禄年間に徳川家菩提寺寛永寺住職公弁《こうべん》が、京から鶯を運ばせ、この地域に放ったことに由来。

上野《うえの》　この地が高台になっており、上が野原になっている説。当台地に藤堂高虎《とうどうたかとら》の屋敷があり、この地が領国の伊賀上野に似ていたという説もありますが、屋敷を構える以前からこの地名はありました。

御徒町《おかちまち》　三代将軍家光の頃置かれた幕府御徒歩組の組屋敷地が由来。将軍外出時の道路警備が仕事。

秋葉原《あきはばら》　秋葉原駅の位置にあった火防の社《やしろ》に由来。江戸は火事が多く、各地に火除地《ひよけち》を作り火防信仰の秋葉神社を祀《まつ》るケースが。この地を人々が秋葉大権現の原っぱ、「秋葉っ原」と呼んだことが語源。

神田《かんだ》　皇大神宮《こうたい》に新稲を奉る神田があったことに由来。昔は神田村と言いました。

その二　JR中央線の各駅名巡り

東京　JR山手線「東京」一五八頁参照。

神田　JR山手線「神田」一五九頁参照。

お茶《ちゃ》の水《みず》　この地にあった高林寺境内の湧き水が将軍のお茶の水として利用されたことに由来。

水道橋《すいどうばし》　神田川を渡す水道管の橋「神田上水掛樋《かけひ》」があったことに由来。前述の豆知識（一五四頁）参照。

飯田橋《いいだばし》　開府前徳川家康を土地の長老飯田喜兵衛《いいだきへえ》が案内。その縁で彼を名主とし当地を「飯田町」に。明治に入り、この地に橋がかけられ「飯田橋」と命名。

市ヶ谷《いちがや》　市ヶ谷孫四郎の領地説。山の手台地の一番目の谷だから「一ヶ谷」説等々、他説も有り。

四谷《よつや》　四軒の家があったことから「四ツ家」説。四つの谷があったから「四谷」説等々。

信濃町《しなのまち》　幕府の重臣信濃守《しなののかみ》永井尚政《ながいなおまさ》の下屋敷がこの地域一帯にあったことに由来。

千駄ヶ谷《せんだがや》　太田道灌《おおたどうかん》が巡視の際、稲が千駄《せんだ》あった説。また一日に萱《かや》を千駄も出した説等。

代々木　JR山手線「代々木」一五八頁参照。

新宿　JR山手線「新宿」一五八頁参照。

大久保《おおくぼ》　当地叡福寺《えいふくじ》の山号の大久保山説。当地の百人組同心総取締役の大久保氏の屋敷地から説。

東中野《ひがしなかの》　中野駅の東の駅。

中野《なかの》　武蔵野の中央であることから。

高円寺《こうえんじ》　古くは小沢村。将軍家光が当地高円寺をたびたび訪問。これが縁で小沢村が高円寺村に。

阿佐ヶ谷《あさがや》　当地が浅い水の谷だったことに由来。

荻窪《おぎくぼ》　当地が荻《おぎ》が繁茂する窪地《くぼち》だったことに由来。

西荻窪《にしおぎくぼ》　荻窪の西に位置することから。

吉祥寺《きちじょうじ》　江戸城内にあった吉祥寺が、駿河台へ、さらに明暦《めいれき》の大火で焼失し駒込に移転。その際、寺に愛着を持つ門前町住民が当地に移住し命名。

三鷹《みたか》　将軍の狩猟場（御鷹場《おたかば》）が野方《のがた》・世田谷《せたがや》・府中の三カ所にあり、その狩猟場に由来。

武蔵境《むさしさかい》　玉川上水から千川《せんかわ》上水が分岐する境目から説。当地を開墾した一族の姓から説等。

東小金井《ひがしこがねい》　小金井の東にある駅の意。

武蔵小金井《むさしこがねい》　崖に沿って黄金に値する豊富な湧水があり「黄金の井」と称したという説等。

国分寺《こくぶんじ》　七四一年（天平一三）、国分寺建立の詔勅《しょうちょく》により当地に武蔵国分寺が建てられたことが由来。

西国分寺《にしこくぶんじ》　国分寺の西に位置することに由来。

国立《くにたち》　国立市の名はJR中央線国分寺駅と立川駅の中間に位置することから一字ずつ取り命名。

立川《たちかわ》　豪族立河氏が居住したことにちなむ説。国府前を流れる川を経《たて》の川と呼んだことに由来説等々。

日野《ひの》　府中国府の烽火台に由来説、他、諸説あり。

豊田《とよだ》　この地の浅川沿いに豊かな田が広がっていたことに由来。

八王子《はちおうじ》　天正年間、北条氏照《ほうじょううじてる》が城を当地に移し、守護神を八王子権現としたことに由来。

西八王子《にしはちおうじ》　八王子の西に位置することに由来。

高尾《たかお》　地名は高尾山に由来。尾とは尾根（山稜）のこと。高尾とは高尾根という意味。

その三　その他（主な「江戸」由来の地名）

百人町《ひゃくにんちょう》　将軍直轄の軍団、鉄砲百人組の同心たちの組屋敷があったことに由来。

両国《りょうごく》　武蔵野国と下総国の両国をまたがって架橋された両国橋に由来。

蔵前《くらまえ》　江戸時代、この地に置かれた米蔵が由来。

板橋《いたばし》　石神井川にかかっていた橋（板橋）に由来。

大伝馬町《おおでんまちょう》　江戸時代、この地の名主馬込勘解由《まごめかげゆ》が伝馬役を請け負っていたことに由来。

馬喰町《ばくろうちょう》　幕府の馬労頭《ばろうがしら》高木源兵衛、富田半七が居住。この地の馬場を管理していたことに由来。

木場《きば》　この地にあった木置場（貯木場）に由来。

高輪《たかなわ》　高台の縄手道（あぜ道）＝高縄手に由来。

麹町《こうじまち》　国府への道筋「国府路《こふぢ》」が由来。その後付近に麹室《こうじむろ》が多く作られ、麹町と変更。

銀座《ぎんざ》　幕府の銀貨鋳造所があったことに由来。

羽田《はねだ》　赤土の田を意味する「埴田《はにた》」に由来。

※赤土＝関東ローム（鉄分が風化により酸化）。

豆知識 名古屋

「尾張名古屋《おわりなごや》は城で持つ」これは、江戸時代に流行した伊勢音頭《いせおんど》の一節です。つまり「名古屋」の繁栄は名古屋城の存在にあったという意味です。

　名古屋城築城以前の尾張の中心は清洲でした。ところが名古屋城築城に伴い清洲から名古屋への大々的な都市の移転が決行されます（「清洲越し」）。

　この移転に伴い清洲城下の武家屋敷・町屋は無論、神社・寺（三社・一一〇寺）、清洲城の櫓《やぐら》も移築（現清洲櫓）。町名・橋名までも移しました。

　一六一〇年（慶長一五）、西国諸大名（主に豊臣恩顧の大名）の助役による天下普請で、名古屋城築城を開始しました（徳川家康の発案・指示）。

　普請は昼夜を問わず突貫工事で行われ、二年後、天守閣が完成。すべての工事が終了したのは大坂冬の陣の直前でした（一六一四年・慶長一八）。

　名古屋城築城の名目は家康の子義直《よしなお》の居城造りですが、真のねらいは大坂の豊臣氏を取り巻く「包囲網」構築にありました。

　名古屋城築城は徳川氏にとり、江戸防衛の最前線基地＝家康の「天下統一の最後の布石」づくり。及び、豊臣氏恩顧の大名の力を経済的に疲弊させるという二つのねらいがあったと考えられます。

　江戸時代を通じ名古屋城は、徳川御三家の一つ尾張徳川家のシンボルとして存在し続けました。

　城下町の造りが平和的な「碁盤割《ごばんわり》」なのは、豊臣氏滅亡後の泰平の世に造られた証《あかし》です。現在の名古屋市にこの碁盤割は生き続けています。

　城下町名古屋の名残は今も地名として数多く残されています。丸の内・鉄砲町・呉服町・七間《しちけん》町《ちょう》・四間道《しけみち》・久屋町《ひさやちょう》・両替町・伝馬町・矢場町・八百屋町・関鍛冶町《せきかじまち》・本町通・堀川は一例です。

　名古屋の古い表記「那古野」の文献上の初見は、平安時代末期の荘園名「那古野荘」です。地名の由来は第11節豆知識「名護屋」（一四三頁）を参照。

特別編2　名古屋城下町時代の地名

鉄砲町《てっぽうちょう》　清洲越しの町。清洲の町で鉄砲を製造する職人が住んでいたので、鉄砲町と名付けられました。その後、鉄砲師たちは御園町《みそのちょう》大下に移転。

呉服町《ごふくちょう》　清洲越しの町。清洲城下にあった呉服通が移転。町名から「通」をとり呉服町としました。

七間町《しちけんちょう》　清洲越しの町。清洲時代、裕福な家七軒が三階建ての家を建てたことに由来。

久屋町《ひさやちょう》　清洲越しの町。元は干物町と言ったが、初代藩主義直が久しく屋が保つよう願って「以後久屋町と呼べ」との命によって改名。

伝馬町《てんまちょう》　清洲越しの町。伝馬役を担う町であったことに由来。

関鍛冶町《せきかじまち》　清洲越しの町。美濃国関の鍛冶職たちが、移住して来たことに由来。

四間道《しけみち》　大火の延焼を防ぐために幅四間（約七m）の道を整備したことに由来。

両替町《りょうがえちょう》　九軒の金銀両替商が清洲より移住して、町の名としたことに由来。

城番町《じょうばんちょう》　城代《じょうだい》の同心と御深井丸《おふけまる》の番人が住んでいたことに由来。

矢場町《やばちょう》　現在は地下鉄名城線の駅名。尾張藩政時代、この地に弓矢場が置かれたことに由来。

八百屋町《やおやちょう》　この地に野菜商が多く居住していたことに由来。

本町通《ほんまちどおり》　名古屋城下の中央道。熱田から大手《おおて》御《ご》門《もん》に至る大道。名古屋城下のメイン・ストリート。

堀川《ほりかわ》　名古屋開府に際し、建築資材運搬用の運河を伊勢湾から名古屋城付近まで開削。その後も、城下の幹線輸送路として重要な役割を果たしました。

徳川町《とくがわちょう》　尾張藩主の下屋敷があったことに由来。

百人町《ひゃくにんちょう》　藩政時代、百人組同心の屋敷があったことに由来。

白壁町《しらかべちょう》　武家の住宅地として、堂々たる白壁の塀が建ち並んでいたので、自然に町名が誕生。

豆知識 大坂 その三

ここで再び、大坂の地名に注目しましょう。

一六〇三年（慶長八）、家康は征夷大将軍に任命され、江戸に幕府を開きました。この時点で家康は豊臣家大老の地位を脱し、「武家の棟梁《とうりょう》」としての地位を確保しました（主従関係の解消と逆転）。

しかし、この段階では豊臣氏に心を寄せる大名もおり、家康にとり課題は山積のままでした。

一六〇五年（慶長一〇）、家康は将軍職を秀忠に譲ります。これは今後、将軍の位を徳川家が代々継ぐことを意味しました（豊臣家側は心理的打撃）。

その後の家康は二つの動きを見せます。一つは豊臣家の大坂城包囲網の形成です。徳川の一門と譜代大名を、大坂を取り囲む形で配置しました。

名古屋城・彦根城・膳所城《ぜぜじょう》・丹波亀山城・篠山城の築城及び拡張がそれに当たり、工事は豊臣恩顧の大名に天下普請という形で請け負わせました。

今一つは大坂城にある膨大な財力の削減です。秀頼に大寺社の建立・修繕・供養を勧めました。京都東山の方広寺《ほうこうじ》大仏再建はその代表例です。

一六一一年（慶長一六）、家康は豊臣秀頼と二条城で会見。この意味は大きく、秀頼が大坂から京に上洛したことで、「豊臣は徳川の格下である」ことを天下に知らしめる」結果となりました。

一六一四年（慶長一九）四月、方広寺の「鐘銘事件」を契機に幕府は豊臣氏に「①秀頼の江戸への参勤、②淀《よど》の方《かた》の江戸人質《ひとじち》、③秀頼の大坂城退去・国替え」いずれかの選択肢を提示します。

同年一〇月、大坂方の拒否を見極めた幕府は「討伐」を決断、全国の大名に出陣命令を下します。大坂方も浪人を大々的に雇い入れ、戦闘態勢に入り、一一月、ついに「大坂冬の陣」が勃発しました。

戦闘は大坂方が予想以上の抵抗を見せますが、幕府方は英国から購入した大砲を本丸に撃ち込み外交戦に方向転換。和議は程なく成立しました。

豆知識　大坂　その四

「大坂冬の陣」の後、再び大坂方が抗戦の構えを見せ始めます。幕府側は「秀頼の大坂退去、及び大和または伊勢への移転」「浪人の解散・解雇」の二条件を出し、大坂方の回答を待ちます。

実はこの中にこそ、家康の本音が見て取れます。

信長の大坂へのこだわり、秀吉が大坂に拠点を置いた理由、それこそが「大坂という土地が持つ、経済力」です。その大坂が持つ「不気味な経済力」から秀頼を切り離したい、それが家康のねらいです。

家康にとり、「豊臣離れ」が極端に進行する今となってはもはや豊臣家は脅威ではなく、豊臣にこだわる理由は唯一つ「大坂」が持つ価値です。

それが平和裏《へいわり》での秀頼の大和か伊勢への国替え案でした。しかし、大坂方はこれを拒絶します。

一六一五年（慶長二〇）五月、「大坂夏の陣」が勃発。結果は圧倒的な幕府包囲軍により大坂方は敗北。秀頼・淀の方は自害し、戦いは幕を閉じました。

同年、家康は朝廷に元号の改元を願い出て（慶長から元和《げんな》へ）、七月「元和偃武《げんなえんぶ》」を宣言（元和＝平和の始まり。偃武＝武器を倉にしまい、二度と鍵を開けないという意）。武家諸法度《ぶけしょはっと》を発令します。

その翌年、家康は太政大臣叙任直後、駿府城にて死去しました。享年七五。

その後、豊臣氏の大坂城はすべて解体。その上に一〇mもの土を盛り、新たな徳川の大坂城を構築。

幕府はさらに、「大坂の陣」で荒廃した大坂の町を直轄地とし、河川の改修を中心に復興に力を注ぎ、「水の都」として大坂の再生に成功します。

その結果、江戸は「将軍のお膝元」、大坂は「天下の台所」（日本経済の中心地）として繁栄しました。

大坂の「坂」ですが、秀吉時代は「坂」。江戸時代に入り「坂」は「土に反《かえ》る」を嫌い「阪」が使われ始めます。この流れで明治元年、大阪府設置時に「阪」が正式に採用されました。

特別編3　大阪の地名あれこれ

その一　大阪に残る「大坂」時代の地名

石山本願寺の門前町としてできた大坂の町ですが、本格的な街になるのは豊臣秀吉の時代です。この頃、町の開発に携わった人物や人々の出身地が、地名として今も大阪に多く残されています。

梅田《うめだ》（北区梅田）　豊臣秀吉の時代、当地は低湿地だったこともあり川がたびたび氾濫。その後、埋め立てが進んで田畑になったことで「埋め田」と呼ばれ、後に「埋」を「梅」に変えて「梅田」になったとされています。

天下茶屋《てんがちゃや》（西成区天下茶屋）　豊臣秀吉が住吉大社に向かう途中、お茶を楽しんだ屋敷や茶室があったことが由来。

道頓堀《どうとんぼり》（中央区道頓堀）　区の繁華街・町名及び、北を流れる道頓堀川の略称。道頓堀は町の有力者安《やす》井《い》道頓《どうとん》に由来。道頓は、江戸時代初めに城南の開発のため私財を投じ水路の掘削に着手しました。その後、大坂夏の陣で豊臣側に味方し討死《うちじに》。従弟らがその意志を受け継ぎ、完成させました（一六一五年一一月）。

心斎橋《しんさいばし》（中央区心斎橋筋）　地名は一六二二年、長堀川にかけられた心斎橋に由来。伏見から岡田心斎ら四名の有力者が大坂にやって来て、町の開発のため長堀川を開削。心斎は川の南岸に住んだことからその地を心斎町。その際、人々の往来の便のためかけたのが心斎橋。

宗右衛門町《そうえもんちょう》（中央区宗右衛門町）　町年寄山口屋《やまぐちや》宗右衛門《そうえもん》は道頓堀川の開発にたずさわり、同時に町の開発に尽くした人物。

伏見町《ふしみまち》（東区）　京都伏見の人たちが開発。

備後町《びんごまち》（東区）　備後（広島東部）の人たちが開発。

安土町《あづちまち》（東区）　滋賀県安土の人たちが開発。

久宝寺町《きゅうほうじまち》（東区）　安井道頓が堀を掘る時に河内国久宝寺村から連れてきた人々を住まわせました。

その二　ＪＲ大阪環状線の各駅名巡り（時計回り）

大阪《おおさか》　小坂↓大坂↓大阪。第11節豆知識「大坂」一二八頁・第12節豆知識「大坂　その四」一六五頁参照。

天満《てんま》　天神さん＝学問の神様菅原道真《すがわらのみちざね》を祭神とする大阪天満宮が所在することが由来。

桜ノ宮《さくらのみや》　当地に所在する桜宮神社が由来。

京橋《きょうばし》　豊臣秀吉の時代、京に通じる橋という意味で名付けられた京橋がかけられたことに由来。

森ノ宮《もりのみや》　当地に所在する聖徳太子が建立の鵲《かささぎ》森宮《もりのみや》神社が由来。元々は「森宮」。

玉造《たまつくり》　勾玉《まがたま》を製作する玉造部の集団がこの地に居住していたことに由来。

鶴橋《つるはし》　平野川（もと百済川《くだらがわ》）にかかる橋名に由来。

桃谷《ももだに》　この地から西にかけての一帯に桃林があったことに由来。

寺田町《てらだちょう》　四天王寺の寺領田があったことに由来。

天王寺《てんのうじ》　聖徳太子建立の「四天王寺」が由来。

新今宮《しんいまみや》　明治時代の「西成郡今宮村」に由来。

今宮《いまみや》　当地に西宮戎《にしのみやえびす》神社から分霊した今宮戎神社を創設した際、本社に対し新しい神社の意で今宮としたことが由来とする説（他説あり）。

芦原橋《あしはらばし》　鼬川《いたちがわ》（現在は埋立）にかかっていた芦原橋が由来。「芦原」は鼬川下流域が芦の生い茂る低湿地であったことに由来。

大正《たいしょう》　当地、大正区の区名は木津川にかかる大正橋（大正四年竣工）から命名。この橋名が由来。

弁天町《べんてんちょう》　弁財天を祀っていることに由来。

西九条《にしくじょう》　この地にあった九条島が、一六八四年の治水事業で開削された新堀（安治川《あじがわ》）で、東西に二分。その西側を町域としていることに由来。

野田《のだ》　水はけの悪いこの地に、人々が集まり住み着き作物が育ち、「野田郷」と呼ばれたことに由来。

福島《ふくしま》　菅原道真が大宰府左遷のおり、この地に立ち寄り、名付けたという伝承が由来。

豆知識　島原・天草

この「島原《しまばら》」とは長崎県南東部の島原半島一帯を、「天草《あまくさ》」とはその対岸、島原湾を挟み隣接する熊本県の天草諸島地域を指します。

島原の地名の由来は「島状の土地と原」。天草は海士《あま》の民草《たみくさ》（人民）説、マメ科の多年草「甘草」説等々、諸説あります。

この二つの地域が日本史上で脚光を浴びるのが、一六三七年（寛永一五）一一月、島原・天草両地域の農民が、天草四郎時貞《あまくさしろうときさだ》を首領として蜂起した「島原の乱」（島原・天草一揆）です。

事件の発端は、この両地域で大規模な百姓一揆が勃発したこと。最終的には一揆軍総勢三万七〇〇〇が島原半島西岸の原城に籠城することに。

一揆軍は約三ヵ月にわたり一二万の幕府軍を相手に壮絶な戦闘を繰り広げ、翌年二月、幕府軍の総攻撃により全滅しました。この幕府軍の領民集団殺戮《さつりく》で当地域は無人地帯となり、幕府は年貢《ねんぐ》軽減等で他地域からの移民奨励政策を図りました。

事件の原因はいくつかの要因が絡んでいました。

・当時、厳しい干ばつと相次ぐ凶作にもかかわらず、新領主松倉氏が過酷な課税と苛政《かせい》を行った。

・この地の旧領主キリシタン大名有馬晴信《ありまはるのぶ》や小西《こにし》行長《ゆきなが》の遺臣が農民と共に「旧領主時代への回帰」＝キリスト教への信仰を求め、新領主に反抗した。

・豊臣氏関係浪人が豊臣氏再興を図ろうとした。

こうした、百姓一揆と宗教戦争、その他の要素がごちゃ混ぜとなったこの反乱ですが、幕府に深刻な打撃を与えました。

それは、かつての一向一揆同様の宗教勢力の団結力の脅威、及びキリスト教を通した海外勢力の日本への干渉の可能性を感じ取ったことです。

結果的に、幕府（三代将軍家光）はこの乱以降、キリスト教への禁教政策を一層強化し、二世紀を越える「海禁体制」を確立することとなりました。

豆知識　出島

長崎県長崎市の中心街を流れる中島川河口に、「出島町《でじままち》」という町名があります。

一六三四年（寛永一一）、幕府はポルトガル人の隔離を目的に、長崎の中島川河口沿岸に、扇形《おうぎがた》をした「出島」の造成を開始。正確には、二五名の長崎商人に命じ造成させました。

出島の完成は一六三六年ですが、その翌年勃発したのが前頁の「島原・天草一揆」です。

この事件により苦渋の選択を迫られた幕府は、一六三九年（寛永一六）、ついにポルトガル人の来航を禁止。出島は空き家同然となりました。

この「空き家」に新たに入居するのがオランダ人です。幕府はオランダ船貿易を長崎奉行の監督下に置く目的で、平戸《ひらど》にあったオランダ商館を、この長崎の出島に移転させました（一六四一年）。

以来、オランダ人の日本在留は一八五五年（安政二）まで、この出島のみに限定されました。

※英国は一六二三年、自主的に対日貿易を撤退。スペイン船は一六二四年、来航禁止。

こうして出島は、以後約二世紀にわたり「世界への窓口」としての役割を果たすことになります。

では、なぜ幕府がここまで貿易や海外との接触をコントロールする必要があったのでしょうか。最大の理由は、貿易の利益より国内でのキリスト教徒の拡大を警戒したためと考えられます。

別の言い方をすれば、キリスト教（カトリック）の布教が旧教国の植民地政策と結び付くことへの危惧。特にキリスト教徒が反幕府勢力となり、外国と結び謀反・反乱を起こす可能性を幕府は警戒したとも言えます。

その他、西国大名が貿易による経済力を付けることへの防止策（大名統制の一環）。また、国内経済の安定のため、大量の金・銀・銅の海外流出の防止策という面もあったと言えます。

豆知識　琉球

「琉球《りゅうきゅう》」とは沖縄の別称です。文献上の初見は中国の『隋書』(六五六年)。これが現在の沖縄か台湾か、説が分かれています。その語源は不明。「琉球」は、一八七九年(明治一二)まで沖縄の公式名称として用いられてきました。

この琉球に統一王朝が誕生したのは、一四九二年のことです(琉球王国)。その後の琉球は、日本・中国・朝鮮・東南アジア諸国を結んだ中継貿易により、大いに繁栄しました。

琉球国王は外交的には明に朝貢。明の冊封《さくほう》を受けていました(その意味で明は琉球の宗主国)。

ところが秀吉の時代に入ると、琉球は明と日本両国の間で微妙な関係に立たされます。

その頂点が、秀吉の朝鮮出兵時の琉球への軍役要求です。島津氏の再三の要請に兵糧の半分だけを調達、残りは島津氏から借納(結果的に未納)。

その後、関ヶ原の戦いで西軍であった薩摩島津氏でしたが許されて幕府参下に入るも、藩財政立て直しのため、琉球の貿易利権に目を付けます。

そこで薩摩藩は些細な理由で幕府に琉球出兵を嘆願。明との関係修復を望む幕府は、明にパイプを持つ琉球を利用し講和交渉ルートを開くねらいから、琉球を薩摩藩の支配下に置く目的でこれを認可。

一六〇九年(慶長一四)、薩摩藩は圧倒的軍事力で琉球を制圧。以後、琉球王国は表面上は独立国の体裁を保ちつつ、江戸時代を通し薩摩藩の支配下に置かれることとなりました。薩摩藩もこうした立場を利用して、琉球の貿易利権を手に入れます。

江戸時代、「世界への窓口」と言えば幕府直轄下の長崎の出島ばかりを連想しがちです。しかし、実際は幕府が全体統括する形で、琉球(薩摩藩)・蝦夷地(松前藩)・対馬《つしま》(対馬藩)等の貿易・海外情報ルートが存在し、世界とつながっていました。この四ルートを「四つの口」と言いました。

豆知識　新田

「○○新田《しんでん》」という地名は全国各地、比較的多く目に付く地名です。

一六〇〇年代初頭の日本の耕地面積は約一五〇万町歩《ちょうぶ》程度でした。ところが一七〇〇年代初頭には、これが約三〇〇万町歩に倍増。一〇〇年間で耕地面積が二倍に拡大したことに。

米の取れ高である石高《こくだか》も、同時期の一〇〇年間で、約一八五〇万石から二六〇〇万石に。倍率で見ると約一・四倍に増加したことになります。

では、なぜ、江戸時代の前半、約一〇〇年間にこれほど耕地面積が急速に拡大したのでしょうか。

その最大の要因が「新田開発」です。

江戸時代は、戦乱の世に終止符が打たれたことで、これまで他国との戦争で領地拡大を計ってきた諸大名は、領国内での石高増大を図ることになり、それが積極的な新田開発という形になりました。

こうした新田開発には、「築城」で培った土木技術が大いに役立ちました。これらを応用した治水《ちすい》・灌漑《かんがい》への技術は、これまで困難だった沖積平野部《ちゅうせきへいやぶ》の開拓を可能にしました。

また、幕府の「天下普請」による大河川の治水事業も、新田開発を積極的に後押しした一因です。

初期の頃の新田開発は幕府・大名中心でしたが、時間の経過と共に、農民富裕層や投機目的の大商人も新田開発に積極的に乗りだします。

一六〇八年（慶長一三）に行われた慶長検地で登録されたすべての農地を「本田」。その後開発された田畑を干拓地・山間部問わず、すべて「新田」として区別しました。

現在「○○新田」として全国各地に地名として残っているのが、この時期に開発された農地です。

その後の耕地面積が、一五〇年後の一八六〇年代までほとんど変化がないのは、当時の開発技術の水準がほぼ限界に達したことの表れと思われます。

豆知識　中野

東京都中野区の区役所敷地内に、数体の犬の像が置かれています。これは江戸時代、五代将軍綱吉の頃、この地に「御犬囲《おいぬかこい》（中野犬屋敷）」＝犬の保護施設があったことにちなんでいます。綱吉は犬を始め様々な生物を慈しむ旨の法令『生類《しょうるい》憐《あわれ》みの令《れい》』を次々と出したことで有名です（二十数年間で六〇回）。

こうした中、江戸では犬を飼うことが煩わしくなった飼い主による捨て犬が急増。その対策で犬の保護養育のため、設置されたのが「御犬囲」です。

この施設は中野以外にも造られましたが、特にここ中野は規模が大きく、施設内は五つのエリアに分かれ、総面積二四万一七一六坪と広大なものでした（中野区ホームページ参考）。この広さは東京ドーム、約二〇個分に相当します。

施設内には、犬小屋二九〇棟、子犬専用施設四六〇ヵ所、総工費二〇万両（約二〇〇億円）。収容犬八万～一〇万頭。餌代《えさだい》年間一二〇億円（推定）。

こうした極端な動物保護政策は庶民の不満を買い、当時、綱吉は「犬公方《いぬくぼう》」（犬将軍）と陰口を叩かれたようです。これだけですと暗君そのものです。

ただ当時泰平の世とは言え、人命軽視の風潮が残っていました。殺傷沙汰や暴力、捨て子、その捨て子を野良犬が食べ、その犬を人が食べる食習慣、病人は道端に放置、老人は野山に捨てられる等々。こうした社会の実情は綱吉にとり、生命を大切に説く仏教的観点や儒教的道徳の視点から許しがたいものだったに違いなかったのでは……。

そこで綱吉は、人々に将軍の権威と強権を使って意識改革を求めたという見方もできます。

さて、「中野」の由来ですが諸説あるようです。

・武蔵野台地の中心に位置することから命名説。
・善福寺川と妙正寺川の間にある「中野郷」説等。

一三六二年の『武蔵国願文』に中野郷が初見。

豆知識　紀尾井町

「紀尾井町《きおいちょう》」は東京都千代田区にある地名で、江戸時代初期からこの地域一帯には大名屋敷が置かれていました。中でも紀伊徳川家上屋敷、尾張徳川家中屋敷、彦根藩井伊家中屋敷は有名です。

紀尾井町の地名の由来ですが、紀伊徳川・尾張徳川・彦根井伊の三家よりそれぞれ一字ずつ取って名付けられたものです（千代田区ホームページ）。

江戸時代、尾張・紀伊・水戸の徳川家は御三家《ごさんけ》と呼ばれ、将軍家に次ぐ地位を持っていました。その関係で将軍に嗣子《しし》のない時は、将軍職を継ぐ特典が与えられていました。

一七一六年（正徳六）、歴代最年少の七代将軍徳川家継《いえつぐ》が死去（七歳）。これにより徳川将軍家の血筋が途絶え、将軍跡継ぎ問題が浮上しました。

順位からすれば、次期将軍は御三家筆頭の尾張徳川家となるはずでしたが、事前の根回しの良さから、紀伊藩主徳川吉宗《よしむね》が八代将軍に就任。

この吉宗こそ、「幕府中興の英主」と称えられるように、自ら質素倹約に努め、幕府財政の改革と幕政の強化に尽力した人物です（「享保《きょうほう》の改革」）。

ところが、この将軍吉宗の「質素倹約」路線の真逆の路線（商業を重視・放任政策）を歩んだのが尾張藩主徳川宗春《むねはる》です。この背景には八代将軍の座をめぐる御三家内の対立が尾を引いたという見方もあります（紀州藩×尾張藩）。

結局、宗春の放任政策の結果、尾張藩の財政がひっ迫。将軍吉宗は尾張藩重臣とタッグを組み、藩主宗春は隠居謹慎に。その後、宗春は亡くなるまで、名古屋城内で幽閉《ゆうへい》生活を強いられました。

死後も墓石に金網がかぶせられるという処分を受け、一八三九年（天保一〇）にようやく許され、やっとその金網が解かれたと言います。

一八七八年（明治一一）、紀尾井町で大久保利通暗殺事件が起きています（「紀尾井坂の変」）。

豆知識　田沼街道

「田沼街道」とは、江戸時代の老中で相良《さがら》藩主でもあった田沼意次《たぬまおきつぐ》が、領地の繁栄と交通・流通の活性化のために整備した街道です（別名、相良街道）。

この街道は、現在の静岡県牧之原市の相良城跡〜藤枝市の旧東海道にかかる勝草橋《かちくさばし》を結ぶ全長二八㎞の街道で、地元住民から重宝されてきました。

田沼意次は、八代将軍吉宗の跡を継いだ九代家重《いえしげ》・一〇代家治《いえはる》両将軍のもと、小姓から側用人、さらには老中に抜擢。幕政の実権を掌握し、幕府財政再建のため、画期的な政策を打ち出した人物です。

その関係から、一七五八年（宝暦八）、遠江の相良藩主となりました（五万七〇〇〇石）。

意次の改革はこれまでの「農業一辺倒から重商政策への転換」と言えます。具体例を挙げますと、良質の銀貨を鋳造し大量に発行し流通を促進。株仲間を育成し、大商人に冥加金《みょうがきん》を課税。海外貿易では金銀の流出を抑え、海産加工品を輸出することで外貨獲得を推進。印旛沼《いんばぬま》の干拓工事。蝦夷地の開発計画等々の経済大改革を推し進めました。

しかし、天明《てんめい》の飢饉《ききん》や浅間山の大爆発など天災地変が相次ぎ、頼りの将軍家治が病に倒れ、そこに政敵の松平定信などの保守派攻勢も加わり老中を失脚。所領没収の上、隠居を命じられました。

意次に代わり老中となったのが八代将軍の孫白河《しらかわ》藩主松平定信《まつだいらさだのぶ》。彼の行った改革が寛政《かんせい》の改革。

その中身は、一言で言えば田沼意次の真逆の路線です。それに加え、倹約の強制と出版・思想の統制強化など時代に逆行するものばかりでした。

結果は定信も失脚。以降、幕府の権威は弱体化、財政は悪化の一途をたどることとなります。

田沼意次は「悪徳・賄賂《わいろ》」政治家というマイナスイメージで語られますが、彼の失脚により幕府の財政再建の可能性は失われました。その意味で、田沼時代は「歴史の分岐点」とも言えます。

豆知識　択捉島

「択捉島《えとろふとう》」は北海道根室半島の沖合にある島で、北方領土＝北方四島（択捉島・国後島《くなしりとう》・色丹島《しこたんとう》・歯舞群島《はぼまいぐんとう》）の中では面積が最大の島です。

その地名はアイヌ語の「エトゥオロプ（岬のあるところ）」に由来しています。

この北方四島が正式に日本の領土になったのは、一八五五年の「日露通好条約」締結によってです。

露国の船が初めて日本（仙台湾・房総半島）に出没したのは一七三九年（元文四）のこと。以来、たびたび日本近海にその姿を現します。

仙台藩医工藤平助《くどうへいすけ》が海防の必要性を悟り『赤蝦《あかえ》夷《ぞ》風説考《ふうせつこう》』を著し、老中田沼意次に献上したのは一七八三年（天明三）のこと。　※赤蝦夷＝ロシア。

老中田沼は露国との交易と蝦夷地開発の検討に入り、初の本格的蝦夷地探検を実施（最上徳内《もがみとくない》らを派遣）。調査隊は国後島・択捉島・得撫島《うるっぷとう》まで現地調査を実施しました（一七八三年・天明三）。しかし、田沼の失脚により計画は中止となります。

田沼に代わった老中松平定信は、露国からの海防の必要性と蝦夷地の確保を説いた、仙台藩出身の林子平《はやししへい》の『海国兵談』を発禁処分にしました。その他の言論に対しても強圧的な姿勢で臨みました。

その四ヵ月後、一七九二年（寛政四）、露国使節ラクスマンが根室に来航、通商を求めますが幕府は拒否。対外的には現状維持路線を貫きます。

翌年、松平定信は失脚しますが、ラクスマン来航に衝撃を受けた幕府は、近藤重蔵を蝦夷地に送り、探検させました（一七九八年・寛政一〇）。

近藤ら蝦夷地探検隊は、国後島・択捉島にまで足をのばし、択捉島に「大日本恵登呂府地」という標柱を建てたことでも知られます。

その後、幕府は蝦夷地を直轄地とし、南部・津軽両藩から藩士を送り、国後島・択捉島の防備を固め、両島の本格的開発を開始しました。

豆知識　択捉島　その二

ラクスマン来航から一二年後の一八〇四年（文化元）、露国全権大使レザノフは、幕府がラクスマンに与えた長崎港への入港許可証を携え、漂流民返還と通商要求のため長崎に来航しました。

幕府は一年余りもレザノフを出島で待たせたあげく、「交易拒否」を回答。米・塩を与え、帰国を促します。憤慨したレザノフはそのまま帰国。

レザノフは帰国時部下に命じ、樺太《からふと》や択捉島の日本人集落を襲撃。放火・暴行・略奪を加えました。これを受け、幕府は北方警備の重要性を悟り、奥羽地方の四藩に蝦夷地の沿岸警備を命じます。

また、一八〇八年（文化五）、幕府は間宮林蔵《まみやりんぞう》に樺太探検を命じます。彼は樺太が島であることを発見します。間宮林蔵の名は「間宮海峡」として後世に名を残しています。これはドイツ人シーボルトが著書『日本』の中で命名したものです。

この間宮の師伊能忠敬《いのうただたか》は一八〇〇年～一八一六年（寛政一二～文化一三）まで、一七年間にわたり全国を測量。没後、『大日本沿海輿地全図』が完成。今日、この図は日本史上初めて日本国土を正確に表したものとして、高く評価されています。

さて幕府は、樺太や択捉島での露国の行為に対し、報復措置として露国船の打ち払いを命令。

一八一一年（文化八）、国後島に露国船ディアナ号船員が上陸。これを沿岸警備中の南部藩藩士が発見し、艦長ゴローニンら八名を拿捕《だほ》、松前で抑留します（「ゴローニン事件」）。

露国側は報復のため、国後島周辺航行中の日本船を拿捕。高田屋嘉兵衛《たかだやかへえ》らをカムチャツカ半島に連行抑留。人質交換で両者は帰国。この事件を機に、日露両国は国境線決定の話し合いに入ります。

結果、一八五五年の「日露通好条約」締結により、両国の国境は択捉島と得撫島の間に引かれ、択捉島から南の島々は日本の領土と決定しました。

豆知識　米沢

米沢市《よねざわし》は山形県南東部に位置する市です。地名の由来はヨネ（米）のなるサワ（湿地）説や白い水が沸く米井《よねい》説などがあります。

「米沢」は元々は伊達《だて》氏の本拠地でしたが、関ヶ原の合戦後、西軍に付いた上杉氏（五大老の一人）が転封のうえ、百二〇万石が三〇万石に減封されこの地に入りました（後に一五万石に減封）。

しかし、家の格式や家臣はそのまま維持したため、多額の借金をかかえ、領民は困窮。藩は幕府に領地返上すら考えていたほどでした。

そんなおり、一七六七年（明和四）、高鍋藩主の子治憲《はるのり》一七歳が母方の縁で米沢藩主の養子となり、財政赤字藩の米沢九代藩主を継ぐことに。

以後、治憲は並々ならぬ決意で、極貧状態の藩の財政再建・藩政改革に取り組むこととなります。

彼は、自ら粗衣粗食を率先し、年間の生活費を極端に切り詰め、家臣・領民にも厳しい倹約を促し、贈答・賭博《とばく》の禁止と違反者の処罰、贅沢《ぜいたく》な行事の中止を行いました。※治憲は後の上杉鷹山《うえすぎようざん》。

次に実施したのは田畑の開墾と殖産興業です。鷹山自ら田を耕す「籍田《せきでん》の礼《れい》」を、身をもって示し、上級家臣も例外なく、刀を鍬《くわ》に持ち替え、荒地や新田開発・治水工事にも参加しました。

殖産興業では、藩の特産品青苧《あおそ》を使い縮織《ちぢれおり》を手始めに、これを基にして養蚕・絹織物へと発展させていきました。こうした農村振興で天明の大飢饉に際しても餓死者を出しませんでした。

また、「学問は国を治めるための根源」を基本に学問・教育に力を注いだことでも有名です。

結果、藩財政も好転。一八二二年（文政五）、鷹山は七二歳で死去。その翌年、米沢藩はすべての借財（一一万両）を完済。藩は五〇〇〇両の黒字収支に転じたと伝えられます。左が彼の名言です。

「成《な》せばなる　成さねばならぬ　何事も」

豆知識　薩摩・長州

「薩摩国《さつまのくに》」は現在の鹿児島県です。江戸時代は薩摩藩となり藩主は島津氏（正式名称は鹿児島藩）。「長州《ちょうしゅう》」は長門国《ながとのくに》の異称で現在の山口県西部。同県東部は周防国《すおうのくに》と言い、江戸時代、この長門・周防の二国を領有したのが毛利氏です（長州藩）。

この島津・毛利両氏の共通点は、関ヶ原の戦いで敗者西軍側だったことです（毛利氏については、前頁の上杉氏同様に豊臣政権下で五大老の一員）。

薩摩藩は遠国だったこともあり、領地は安堵されたものの、その後の御手伝普請《おてつだいふしん》で幕府から膨大な財政負担を背負わされ続けます。他方、長州藩は領地八ヵ国から二ヵ国に減封となり経済的に大打撃を受けました（石高一二〇万石が三七万石に）。

徳川幕府にとり「仮想敵国」であるこの薩長《さっちょう》両藩は冷遇され続け、藩の財政も赤字続きで、江戸時代後半には借金大国と化していました。

こうしてひっ迫した藩財政の中で両藩は、大胆な経済大改革に取り組むこととなります。

そこで登場するのが、薩摩藩は調所広郷《ずしょひろさと》、長州藩は村田清風《むらたせいふう》です。両者の改革の共通点は、まず商人に対し、借金を無利子・長期契約にし、事実上の棒引きにしたこと。次に、「米に依存した経済からの脱却」を図った点です（田沼意次との共通点）。

薩摩藩は琉球を通じての密貿易、奄美《あまみ》三島での黒砂糖の専売で財政を潤し、その財力で日本最初の西洋式工場を建設。財政改革に合わせ、農政改革・軍制改革も強力に推進していきました。

長州藩は特産物専売制を廃止、商人に自由取引を許可（運上銀を藩の収入に）。さらに海上交通に目を向け、倉庫業・金融業を豪商に営ませ、朝鮮・清《しん》との密貿易にも着手しました。

こうして、見事に藩財政を再建した薩長両藩は、やがて幕末を迎えると倒幕の中心勢力となり、日本の政治の主導権を掌握していくこととなります。

	近世（安土桃山～江戸後期）の主な出来事
安土桃山時代	1572年　**三方ヶ原**の戦い（織田・徳川×武田信玄）
	1573年　織田信長が将軍足利義昭を京から追放（室町幕府滅亡）
	1575年　**長篠**の戦い（織田・徳川×武田勝頼）
	1576年　**安土**城築城開始（～ 1579年）
	1580年　石山戦争（石山本願寺との戦い）終結
	キリシタン大名大村純忠が**長崎**をイエズス会に寄進
	1582年　本能寺の変（織田信長自刃）→ **山崎**の戦い → **清洲**会議
	1583年　賤ヶ岳《しずがたけ》の戦い（羽柴秀吉×柴田勝家）。羽柴秀吉が大坂城築城開始
	1584年　**小牧・長久手**の戦い（羽柴秀吉×織田信雄・徳川家康）
	1585年　豊臣秀吉が関白就任。**大坂**城完成
	1587年　豊臣秀吉が九州平定 →「伴天連《ばてれん》追放令」発令
	1588年　豊臣秀吉が長崎を直轄地に
	1590年　**小田原**の役 → 豊臣秀吉が天下統一を達成（「惣無事令《そうぶじれい》」発令）
	1592年　文禄の役 … 第一次朝鮮出兵
	1597年　慶長の役 … 第二次朝鮮出兵
	豊臣秀吉が京都で布教活動を取り締まり，長崎で宣教師・信者26名を処刑
	1598年　豊臣秀吉死去（**伏見**城）
	1600年　オランダ船リーフデ号が豊後に漂着。**関ヶ原**の戦い
江戸時代	1603年　徳川家康が征夷大将軍就任（**江戸**幕府設立）
	1605年　将軍職を秀忠に譲る
	1609年　薩摩藩による**琉球**制圧
	1610年　**名古屋**城築城開始
	1614年　方広寺「鐘銘事件」→ 大坂冬の陣
	1615年　大坂夏の陣（豊臣氏滅亡）。武家諸法度・禁中並公家諸法度《きんちゅうならびにくげしょはっと》を制定
	1635年　参勤交代制の確立（三代将軍徳川家光）
	1637年　**島原**の乱（**島原・天草**一揆）
	1639年　ポルトガル船の来航禁止
	1641年　オランダ商館を長崎の**出島**に移転（いわゆる「鎖国」の完成）
	1687年　『生類憐みの令』発令（五代将軍徳川綱吉）
	1716年　徳川吉宗，八代将軍となる → 享保の改革
	1782年　老中田沼意次の財政改革
	1787年　老中松平定信の寛政の改革
	1837年　大塩平八郎《おおしおへいはちろう》の乱
	1841年　老中水野忠邦《みずのただくに》の天保の改革

13 浦賀

「浦賀《うらが》」とは、神奈川県横須賀市東部にある地域です（行政地名では横須賀市浦賀）。

地名の由来は、海が奥深く入り込んだ入江で、河のように見える地形から名付けられたとの説があります。古くは「浦河」「浦川」とも書いたとか。

この浦賀の地名を日本史上で一躍有名にしたのが、「黒船来航」です。

一八五三年（嘉永六）六月三日、浦賀沖に、米国海軍東インド艦隊司令長官マシュー・ペリー率いる四隻の「黒船」が出現しました。

このペリーの黒船浦賀来航により、日本の歴史は大きく激変することとなります。この事件から、わずか一五年足らずで江戸幕府は瓦解《がかい》しました。日本史では、このペリー来航から幕府瓦解までの期間を「幕末」と呼んでいます。

※幕府瓦解＝将軍慶喜《よしのぶ》の大政奉還《たいせいほうかん》（一八六七年）。

幕府は、一六三九年（寛永一六）、ポルトガル船の来航禁止以降、厳しい外交政策を取り続けてきました（貿易は西洋諸国ではオランダのみ）。

しかしその間、世界情勢は大きな変化を遂げ、大航海時代に栄華を誇ったスペイン・ポルトガルは凋落《ちょうらく》。それに代わり台頭したオランダも、中継貿易減速と英仏との戦争で後退。最終的に版図を拡大していくのが、露国・英国・仏国です。

この中で最初に日本に接近してきたのが地理的に近い露国でした（一七三九年・元文四）。露国はその後もたびたび来日、通商を求めてきました。

次にやって来たのが英国です（「フェートン号事件」、一八〇八年・文化五）。以後、英国もたびたび来日しては通商を求めます。その後も米国（一八三七年）、仏国（一八四四年）と続きました。

しかし、幕府は頑なに通商を拒否し続けます。

こうした日本側の対応を研究し尽くしたのが、今回、浦賀に登場したペリーです。彼は、「交渉は長崎で」という幕府の要求を無視。巨大な蒸気船を盾《たて》に、日本側に対し、強行姿勢で圧力をかけてきました（艦船四隻中、二隻が最新鋭の蒸気船）。

幕府はこれに折れ、米国大統領の親書を受け取り回答は翌年に引き延ばします。黒船が一旦去った後、老中阿部正弘《あべまさひろ》は、黒船対策とし次の行動に。

・国内輿論結集の目的で、米国大統領国書を大名・庶民に広く公開し意見を求める。
・朝廷に事態を報告。
・幕閣強化のため、強硬「攘夷」派の水戸藩主徳川斉昭《なりあき》を海防参与に任命。
・江戸の防備のため、品川沖に海上砲台を設置。
・江戸湾沿岸に藩邸のある土佐・仙台・鳥取などの藩に兵員動員を要請。

特に諸大名に意見を求めたり、朝廷に事態を報告したり、また、幕閣に御三家を入れるなどの行動は江戸幕府開幕以来の出来事でした。結局は翌年、和親条約を締結します（英・露・蘭とも）。

この幕府の一連の対策や外圧に屈した形での条約締結は、結果的に幕府の弱体化を露見した形となり、幕府は弱腰と印象付けてしまいました。

こうした状況は海外情勢に危機感を抱く「攘夷」派を大いに勢い付かせる結果となります。

また、当時は国学が武士の間に浸透し始めた時期でもあり、「尊王《そんのう》」思想が高揚。これが将軍と幕府の権威低下にますます拍車をかけました。

やがて、この「尊王」と「攘夷」思想が結び付き、「尊王攘夷」運動が開花。急速に幕府への批判が高まりを見せていくことになります。

その運動の中心は当初は水戸藩でしたが、やがて軸は長州藩に移動。運動はさら過激さを増し、尊王攘夷運動は、倒幕運動へと進化していきます。

その、長州藩の「松明《たいまつ》の炎」は薩摩藩にも延焼し、薩長同盟が成立。ここに二六〇年前の「関ヶ原の戦い」の敗者同士が徳川にリベンジするという構図ができ上がりました。

豆知識　お台場

東京港埋立第一三号地に属する「お台場《だいば》」は、現在、様々な商業施設やレジャー施設が立ち並ぶ、東京の大人気観光スポットとなっています。

行政地名は東京都港区台場です。

そもそも「台場」とは、砲台＝大砲を置く「台」の「場所」を意味する言葉です。

江戸時代、幕府由来のものには「御」の字を付けて呼ぶ習慣があったことから、「御」＋「台場」で「御台場」と呼ばれるようになったというわけです。

今は観光スポットとして定着した「お台場」ですが、その歴史は幕末に遡ります。

この施設、正式には品川台場と呼ばれ、建設のきっかけは、前頁で見た、一八五三年（嘉永六）六月のペリーの黒船来航にありました。

幕府はペリー来航を契機に、海に隣接する江戸の弱点に危機感を覚え（海からの攻撃に弱い）、早速、江戸湾の海防強化の検討に入ります。

その結果が、品川沖の海に土を盛り人工島を造り、砲台を建設するという御台場築造計画です。この計画では西洋の書物を参考に、当初、一一ヵ所の台場が造られる予定でした。

ペリーが一旦去った同年八月末には着工開始。昼夜を問わず五ヵ月間にわたり進められました。建築資材や埋立て用土砂を運ぶ船は一日に二〇〇〇隻、人夫は五〇〇〇人にも及んだ時もあったとか。

しかし、資金難もあり、第一～第七台場までは着手されたものの、第四と第七台場は途中で工事が中断し、最終的な台場の完成は五基でした。総築造経費は七五万両だったと言われます。

完成した台場には、一八六八年（慶応四）、幕府崩壊直前まで、江戸湾防衛の拠点として将軍家に近い大名の藩兵が警備に当たっていました。

現在、第三台場と第六台場が現存し、第三台場は陸続きで「台場公園」となっています。

豆知識　下田

「下田《しもだ》」は、伊豆半島南部に位置する静岡県下田市のことです。地名の由来は、先に本郷という集落ができ、その下手にできた田だったので「低田」の意味から下田になったという説があります。

江戸時代の下田港は江戸と大坂を結ぶ航路の要衝にあり、回船の風待港《かぜまちこう》、避難港として繁栄。下田奉行所が置かれていました。

この下田の地名を日本史上で有名にしたのが、一八五四年（安政元）、日米和親条約の締結により、箱館と共に開港した港となったことです。

この条約に基づき、一八五六年（安政三）、日本で最初に米国総領事館が下田に開設されました。そして初代米国駐日総領事に任命された人物が、タウンゼント・ハリスでした。

彼が米国政府から与えられたミッションこそが、日米和親条約からこぼれ落ちていた「通商」を日本側に条約として締結させることでした。

ハリスは米国領事館開設後、早速、江戸城で一三代将軍家定《いえさだ》に拝謁《はいえつ》。通商条約締結に向けた交渉に入ります。

時の老中堀田正睦《ほったまさよし》は通商は認めざるを得ないと判断。「攘夷」派を納得させるには条約調印の勅許《ちょっきょ》（＝朝廷の「お墨付き」）を得て、開国を正当化するしかないと考え、早速上京します。

ところが、孝明天皇ご自身が「攘夷」を希望され、朝廷からは条約調印の勅許は出ませんでした。

この一件で幕府は強力なダメージを受けます。「外交政策の決定には朝廷の許可が必要」「条約の調印は天皇が認めない不当なもの」という二点を世論に印象付けてしまったことです。

老中堀田正睦が京都で朝廷工作で苦境に立たされていた頃、かねてより病弱だった将軍家定の病状が悪化、将軍跡継問題が急浮上してきます。

ここで、登場するのが彦根藩主井伊直弼《いいなおすけ》です。

豆知識　霞が関

「霞《かすみ》が関《せき》」は東京都千代田区の地名で、日本の行政機関の庁舎が建ち並んでいることでも有名です。地名の由来は諸説あり、日本武尊《やまとたけるのみこと》が蝦夷《えみし》の襲来に備えて関を設けたという伝承もその中の一つです。

現在、この霞が関二丁目に所在するのが警視庁です。江戸時代、この場所は豊後杵築《ぶんごきつき》藩上屋敷があり、この屋敷正面には江戸城の桜田門がありました（桜田門は当時のまま現存）。

一八六〇年（安政七）三月、この桜田門の外で起きた歴史的大事件が、「桜田門外の変」です。

これは水戸藩・薩摩藩を脱藩した浪士一八名が江戸幕府の大老井伊直弼（彦根藩主）を襲撃し、暗殺した大事件です。

前頁で紹介したように、通商条約締結問題と将軍跡継問題で動揺していた幕府でしたが、この問題を一挙に解決したのがこの彦根藩主井伊直弼です。

将軍跡継問題で井伊は紀州藩主徳川慶福《よしとみ》を担ぎ出し（南紀派）、一橋慶喜《ひとつばしよしのぶ》を担ぐ水戸藩主徳川斉昭《なりあき》（一橋派）と対立。井伊は「大老」に就任するや、将軍家定病死直後に、慶福（家茂《いえもち》）を将軍の座に。

通商条約問題は駐日総領事ハリスの即時調印の強い要求に押される形で、一八五八年（安政五）、「日米修好通商条約」を締結します（「開国」）。

しかし、この条約締結が朝廷の勅許なしだったことと、米国側の強い要求下結ばされたことが水戸藩を中心とする尊王攘夷派を刺激。大老井伊への絶好の「攻撃材料」を提供することとなりました。

これに対して大老井伊は尊王攘夷派への大弾圧に出ます。これが世に言う「安政《あんせい》の大獄《たいごく》」です。

このようにあくまで幕府中心主義で「開国派」の大老井伊に対し、水戸藩を中心とする尊王攘夷派は大老「暗殺」という手段で報復に出ました。

これが、大老井伊直弼殺害という、前代未聞の大事件＝「桜田門外の変」だったのです。

豆知識　水戸

水戸市《みとし》は茨城県の県庁所在地であり、江戸時代は徳川御三家水戸藩の藩庁が置かれていました。

地名の由来は、古代から海や川の出入り口は「みと」「みなと」と呼ばれ、那珂川《なかがわ》と千波湖《せんばこ》との間に突き出た台地の先端が、地形上の特色から「みと」と呼ばれたことからです（水戸市ホームページ）。

幕末の水戸藩は藩主徳川斉昭に代表されるように、当初は「尊王攘夷」思想のメッカとし、日本各地から志士の来訪が相次ぎ、存在感を示しました。

ところが安政の大獄以降、藩内が保守派（諸生派）と改革派（天狗党《てんぐとう》）に分裂し内部抗争が激化。特に改革派の行動は過激さを増し、桜田門外の変を引き起こしたことは有名です。

その後も藩内の内部抗争は止まることを知らず、結果、多くの人命が失われ、藩論が統一できず、また慢性的財政難も手伝い、水戸藩の影響力は低下の一途をたどります。後の明治政府内で活躍する水戸藩出身の人材が皆無なのはここに起因します。

ともかく、水戸藩浪士による「桜田門外の変」により幕府の権威は失墜。政局は混迷を深めます。

そんな中、登場したのが老中安藤信正《あんどうのぶまさ》。彼は幕府の体勢を朝廷の力を利用し立て直すため、「公《こう》武合体《ぶがったい》」を画策（朝廷と幕府が協力して政治を行うことを理想とした思想）。これを具体化したのが孝明天皇の妹和宮《かずのみや》と将軍家茂との婚姻です。

しかしこうした動きは尊王攘夷派を極度に刺激。一八六二年（文久二）一月、老中安藤信正は、過激化した水戸浪士により襲撃され負傷（「坂下門外の変」）。彼はこれにより老中を失脚します。

その後も幕府は「公武合体」策を基本路線にし、推進。これと並行するかのように、雄藩の中には、幕府と朝廷の間に割り込み、両者を仲介することで自藩の政治的発言力を高めようとする藩が台頭してきます。その代表格が薩摩藩でした。

豆知識　生麦

「生麦《なまむぎ》」は神奈川県横浜市鶴見区の地名です。

地名の由来は、当地が貝の産地で、生の貝をむく「生むき」が転じて生むぎとなった説。二代将軍秀忠が当地通過のおり、道がぬかるんでいたので名主《なぬし》が機転をきかせ、畑の生麦を刈り取って敷き、行列を通過させたという説も（横浜市ホームページ）。

歴史的にこの地を有名にしたのが、一八六二年（文久二）八月に勃発した「生麦事件」です。

同年一月、失脚した安藤信正の公武合体政策を引き継いだのが、薩摩藩主の父島津久光《しまづひさみつ》でした。

久光は「公武合体」支持の立場から江戸に乗り込み、幕府に対し改革を要求（「文久《ぶんきゅう》の改革」）。これにより、人事面では松平慶永《まつだいらよしなが》・一橋慶喜が政局に復活し、京都守護職には会津藩松平容保《かたもり》を任命。

これに先立ち、京都では自藩の尊王攘夷派粛清も行いました（「寺田屋事件」、一八六二年四月）。

この久光が鹿児島へ帰国途中に起きたのが生麦事件です。久光の行列が生麦付近を通過中、騎馬の英国人四名と出会い、馬上の英国人を薩摩藩士が切りつけ一名斬殺、二名を負傷させました。

事の重大性と国内への影響（攘夷派の動き）に配慮した幕府は、英国側の賠償要求に応じましたが、薩摩藩はこれを拒否し交渉は難航しました。英国はこの問題を実力で解決しようと、翌年七月に七隻の艦隊を鹿児島湾に派遣します。

対する薩摩藩が回答を拒否したことから、英国側が砲撃を開始。これに薩摩藩側も応戦し薩英《さつえい》戦争が勃発。鹿児島城下は砲火を浴び火の海と化しました。英国側もおりからの暴風で予想以上の損害を出し、勝敗不明のまま退去。一一月に和議を締結します。

同戦争を通し、近代化の必要性を痛感した薩摩藩では攘夷論者は姿を消します。以後、薩摩藩は急速に英国に接近し緊密な関係に。結果、倒幕運動における同藩の地位を高めることとなりました。

豆知識

関門海峡

「関門海峡《かんもんかいきょう》」は本州の西端と九州の北端との間の海峡。地名の由来は両岸の地名、馬関《ばかん》の「関」と、門司《もじ》の「門」を取ったものです。古くは馬関海峡、下関海峡とも呼ばれました。

一八六四年八月、この海峡で起きたのが四国艦隊下関砲撃事件です（馬関戦争、下関事件とも）。

これより少し前のこと、尊王攘夷運動が盛んだった長州藩が特に力を入れたのが朝廷工作でした。

その甲斐あって、朝廷内の尊王攘夷派の公家三《さん》条実美《じょうさねとみ》と結び付き勢力を拡大。一八六二年（文久二）一月には、尊王攘夷派は朝廷を掌握します。この時期、京都の「公武合体」派は明らかに衰退状態にありました（路線めぐり長州と薩摩が対立）。

同年四月、朝廷は上洛した将軍家茂に「攘夷決行」を確約させます。しかし、幕府は諸大名への布告にあたり「彼（外国）から襲来したならば、これを打ち払え」と日本側からの戦闘行動を戒めていました。

同年五月一〇日朝（将軍「攘夷決行」確約日）、長州藩は関門海峡を通過中の米国商船を突如砲撃。日を置き仏国・蘭国にも砲撃を加えました。

しかし、実力で「攘夷」を示した長州藩でしたが、これに続く藩はなく長州藩は孤立します。

更なる攘夷実行を画策のため、下関事件で非協力的だった「小倉《こくら》藩の処分」と「天皇による攘夷実行の表明（大和行幸）」を、長州藩久坂玄瑞《くさかげんずい》と久留米藩真木和泉《まきいずみ》が中心に画策します。

一八六三年（文久三）八月、こうした朝廷内の尊王攘夷派の動きに危機感を抱いた薩摩・会津両藩は、「公武合体」派の中川宮朝彦親王《なかがわのみやあさひこしんのう》を動かし、孝明天皇の真意を確かめ、朝廷から尊王攘夷派の公家追放クーデターを画策。天皇の詔勅を受けた上で、八月一八日未明、尊王攘夷派の公卿と長州藩を宮廷から追放しました（「八月一八日の政変」）。

豆知識　関門海峡　その二

「八月一八日の政変」（一八六三年）以降、「公武合体」政策推進の老中と一橋慶喜（将軍後見職）・会津・越前・土佐・宇和島・薩摩ら雄藩諸侯参加による『参預会議』が成立。しかし、翌年三月に一橋慶喜と島津久光が対立し、薩摩の離脱で解体。結果、幕府中心の公武合体政権が誕生しました。

他方、劣勢に立たされた尊王攘夷派は、水戸藩と長州藩で、それぞれに勢力挽回を図ります。

一八六四年（元治元）三月、水戸藩尊王攘夷派が挙兵、一一月には京都を目指し進軍開始。しかし、越前で金沢藩討伐軍の前に投降。悲惨な結末でこの事件は閉幕しました（天狗党の乱）。

同年六月、京都に潜伏中の、長州藩を中心とした尊王攘夷派が、京都池田屋で会合。そこを、会津藩京都守護職配下の新選組が襲撃。これにより在京の尊王攘夷派は壊滅しました（「池田屋事件」）。

この事件が長州藩に伝わると、藩内では強硬論が高まり京に出兵。七月、御所を警備する薩摩・会津藩兵と長州藩兵が激突。京都の町は戦火で炎上。長州藩側は多数の犠牲者を出し惨敗（「禁門の変」）。事件後、長州藩は「朝敵」となりました。

さらに、同年八月、前年の関門海峡を通過中の米国・仏国・蘭国商船に長州藩が砲撃を加えたことへの報復が行われます（前頁参照）。

それが四国連合艦隊下関砲撃事件です。米・仏・英・蘭が共同し、一七隻の軍艦で長州藩下関砲台を砲撃。これを占拠し破壊したという事件です。

この「禁門の変」から「下関砲撃事件」に至る長州藩の敗北は、同藩内の攘夷派に打撃を与え、保守俗論派へと藩政権が移っていきました。

しかしこの事件は、藩内の攘夷派に「攘夷」が不可能を認識させた意義は大きく、開国を主張する勢力が台頭。以後、長州藩は英国に接近し、全エネルギーを「倒幕」に傾けることとなります。

豆知識　対馬

「対馬島《つしまとう》」は、九州北方の玄界灘《げんかいなだ》にあり、長崎県に属する島です。その語源は、日本から半島に渡る際の湊《みなと》「津」のある「島」からと考えられ、かつては「津島」と書物に記されていました。

江戸時代は対馬藩が置かれ、藩主は宗氏《そうし》。同藩は朝鮮通信使の先導役を務め、現在の韓国釜山市《ぷさんし》に倭館《わかん》を置き交易を行っていました。

一八六一年（万延二）三月、対馬が露国軍艦に突然軍事占領される事件が発生（対馬占領事件）。

一七世紀末期以降、露国にとり不凍港の確保は悲願でした。当時は、積極的にシベリアへ進出。結果、中国の西北辺境まで領域を拡大。さらに、カムチャツカ半島を南下、千島《ちしま》・樺太《からふと》に進出。ベーリング海峡を越えアラスカにまで達します。

一九世紀に入ると、この東進の流れは、大きく「南進」に変化します（南下政策）。

一八六〇年、露国は清《しん》と北京条約を締結。念願の不凍港ウラジオストクを入手。同地名を日本語に直訳すれば、「東方を支配せよ」程度の意味です。この翌年に起きたのが対馬占領事件です。

その概要は、軍艦ポサドニック号が船体修理を理由に対馬芋埼《いもざき》に入航し、無許可上陸し兵舎建設を開始。対馬藩藩主の抗議には耳をかさず、逆に軍事力を背景に芋崎の租借《そしゃく》を要求。近隣の村々への略奪・襲撃など蛮行を繰り返す有り様でした。

幕府は自力で露国軍艦を排除できず、英国に協力を要請。英国は露国の極東侵出を阻止すべく、軍艦二隻を対馬に派遣します。

露国側はクリミア戦争で英・仏連合軍に敗北した傷が癒えていない状態でしたので、トラブル回避のため慌てふためき対馬を退去しました。

この事件は、当時の日本が列強の植民地化の危機にさらされていたことと、隣国露国の軍事的脅威を日本人の心の中に深い爪痕として残しました。

豆知識 薩摩・長州 その二

江戸時代を通じ、薩長両藩の共通点を見ると、
・関ヶ原の敗者であったため、幕府にとり両藩は常に「仮想敵国」であり、冷遇され続けた。
・「米に依存した経済からの脱却」を図り、見事に藩財政を再建させた。
という二点です。この両藩、幕末期に入ると、海外情勢に強烈な危機感を抱いたという点でも共通していますが、改革の方向性が異なっていました。

薩摩は幕府を通した改革（「公武合体」路線）、長州は朝廷を通した改革（「尊王攘夷」路線）を目指したことです（孝明天皇は「攘夷」を支持）。

当然、薩摩は幕府寄りとなり、長州は朝廷を立てる分だけ幕府に批判的とならざるを得ませんでした。これが薩長間の「亀裂《きれつ》の原点」です。

ところが両者共に時期はズレますが、それぞれが主導する改革は成功したかに思われました。

・長州→将軍家茂に「攘夷決行」を確約させた
・薩摩→「文久の改革」・「八月一八日の政変」・雄藩諸侯参加による『参預会議』成立
こうした両者の動き・流れの中で勃発したのが、「禁門の変」（＝蛤《はまぐり》御門《ごもん》の変）です。この事件で、長州と幕府側に立った薩摩は激突しました。

長州側の落とし穴は孝明天皇が「攘夷」を支持と同時に「公武合体」路線も支持していた点です。結果、長州は朝敵となり孤立の一途をたどることに。

では、薩摩はどうでしょうか。一時的には雄藩諸侯参加による『参預会議』が成立しましたがすぐに解体。幕府中心の公武合体政権が誕生を見ます。

背景には薩摩の島津久光と一橋慶喜との性格の不一致が大きく影響したとも言われます。これによって薩摩（久光）の思惑は大きく外れました。

ここで薩摩・長州共にある共通点が浮上します。それは、西欧列強への脅威とそれを防御するための最大の障害物が「幕府の存在」という認識です。

豆知識　薩摩・長州　その三

一八六四年（元治元）、禁門の変で「朝敵」となった長州藩に対し、幕府は全国に動員をかけ長州征伐を開始。この招集に薩摩軍も参加しました。

長州藩は戦闘を交えることなく降伏。「恭順の意」を表明。これを機に長州藩内では、保守派が藩政の主導権を掌握します。

しかし同年一二月、倒幕派の高杉晋作《たかすぎしんさく》が功山寺で挙兵し、翌年（一八六五年・慶応元）、馬関で藩内保守派と戦い勝利。藩論を武力「倒幕」に統一します。これに対し、幕府は再び長州征伐を発動。

ところが、なぜか薩摩藩はこれを拒否。それどころか「犬猿の仲」であったはずの長州藩に洋式の兵器を大量に「密輸」します（これを担ったのが土佐藩出身坂本龍馬《さかもとりょうま》が結成した亀山社中《かめやましゃちゅう》）。

これは薩摩藩内で倒幕派が台頭し、藩論が倒幕に傾いたこと。それに加え坂本龍馬らの仲介で長州藩との対立反目を解消。倒幕のため「薩長同盟」を極秘に締結したことが背景に（一八六六年一月）。

一八六六年（慶応二）六月、戦闘開始。しかし、幕府軍は洋式の兵器を備えた長州軍を相手に各地で敗れ、将軍徳川家茂の死を機に兵を引きました。

この二度目の長州征伐は、幕府の求心力低下と実力のなさを国内外に示す結果となりました。

この年、一五代将軍に徳川慶喜が就任。しかし、なぜかこのタイミングで孝明天皇が崩御されます。政局が大きく変化したのはこの瞬間からです。

薩長の武力「倒幕派」にとって、あくまで「公武合体」にこだわる孝明天皇の存在は「目の上のたんこぶ」でした。そのこともあり、天皇崩御の直後から「暗殺説」が囁《ささや》かれました。

翌年、一八六七年（慶応三）一〇月、将軍慶喜が「大政奉還」を朝廷に奏上。これにより、二六〇年間続いた徳川幕府は終焉を迎えることになりました。

豆知識 土佐

激動の幕末の政局の中で、薩摩・長州に一歩遅れをとったものの、それなりの存在感を発揮することになるのが山内氏の「土佐藩《とさ》」です（現高知県）。

山内一豊《やまうちかずとよ》は「関ヶ原」以前は掛川五万石の小大名でしたが、三成挙兵時の「小山評定」における態度表明を家康が評価。「関ヶ原」後、西軍側だった長宗我部《ちょうそかべ》氏の旧領土佐二〇万石が与えられます。

外様大名ながら、こうした徳川への「恩義」が幕末における土佐藩（山内容堂《ようどう》）の動向にも多大な影響を及ぼすこととなります。

土佐藩（山内容堂）の政治路線は「公武合体」を基本とした雄藩諸侯参加による『参預会議』＝公議政体論でした（「諸侯や有能藩士を議員とする議会」による政権構想）。後藤象二郎《ごとうしょうじろう》・坂本龍馬らによって提起。背景には内戦回避思考が（列強の政治介入による植民地化への危険性の回避）。

土佐藩も「倒幕」という目的では薩長と共通性を持ちますが、その手段において大きな相違が。

それは薩長があくまで武力倒幕（討幕）にこだわるのに対し、土佐の「倒幕」は平和裏な幕府の解体、そして新政権への移行だったという点です。

この両者の政治路線の相違が表面化したのが、一八六七年一二月九日、王政復古直後、京都の小《こ》御所《ごしょ》で行われた「小御所会議」です。

会議の山場は、慶喜の処遇をめぐり山内容堂と薩摩・長州をバックに背負った岩倉具視《いわくらともみ》の激論でした。議論は平行線をたどり一旦休息に入ります。

その時、警備総指揮者の薩摩西郷隆盛《さいごうたかもり》が、助言を求められ「短刀一本あれば済むことではないか」と述べ、岩倉・大久保を激励したとも。

その一言が山内容堂の耳に入り、再会後の会議は、討幕派のペースで進められたと言われます。

その時、容堂の頭の片隅をかすめたのは、二ヵ月前の坂本龍馬の暗殺だったのではないでしょうか。

豆知識　鳥羽・伏見

江戸時代「京街道」は、京都～大坂を結ぶ主要幹線道路として、大きな役割を持っていました。大坂の京橋から淀川左岸に沿って進むと淀に至ります。そこから、京都に至るルートは二つありました。一つは淀川左岸を進む「鳥羽街道」。他の一つが、宇治川右岸から伏見に至り、伏見から京の中心部に至る「伏見街道」です。

この鳥羽街道・伏見街道を一躍有名にしたのが、幕末の「鳥羽・伏見の戦い」です。

一八六七年「小御所会議」の翌日、京都二条城の慶喜の元に会議の決定事項「辞官・納地」がもたらされます。慶喜はこれを受け入れるも「配下の暴走」防止のためとし、大坂城に退去します。

ところが思わぬところで、大どんでん返しが起きます。同年一二月二五日、江戸で治安を預かる庄内藩兵による「薩摩藩邸焼き討ち事件」です。

これは当時、西郷隆盛の命で薩摩浪士が江戸で放火・乱暴狼藉を働くテロ活動を活発化。度重なる狼藉に業を煮やした庄内藩兵が「テロ集団の拠点」＝薩摩藩上屋敷を襲撃したという事件です。

事件の報が大坂にも伝わると、慶喜の周辺では「打倒薩摩」の声が一斉に上がり、慶喜もこれを抑えきれず、薩摩の挑発に乗ってしまいました。

翌年一月三日、旧幕府軍一万五〇〇〇は京都に向け進軍開始。主力幕府歩兵隊は鳥羽街道、会津・桑名の藩兵と新選組は伏見街道を進撃しました。

同日夕刻、両街道で進撃する旧幕府軍と阻止する薩長軍五〇〇〇とが衝突。数で優る旧幕府軍でしたが、装備力で劣勢だったこともあり苦戦します。

さらに、薩長軍側に「錦の御旗《みはた》」（天皇の軍の旗）が翻るや旧幕府軍側の士気は一気に低下。諸藩の寝帰りが続出。旧幕府軍は大坂城へと敗走します。

鳥羽・伏見の戦いは旧幕府軍の大敗で閉幕。そして、この戦いは戊辰《ぼしん》戦争の発端となりました。

豆知識　上野

家康の江戸整備計画には、風水が取り入れられていると伝えられます。風水では特に、北東（鬼門《きもん》）と南西（裏鬼門）を重視。その方角に聖地を置くことで魔《ま》（邪気）の侵入を防ぐと考えます。

そこで江戸城の北東に当たる上野には寛永寺、南西には増上寺を置き、両寺を徳川家菩提寺としました（上野の地名の由来は、「特別編1　東京の地名あれこれ」の「上野」一五九頁を参照）。

鳥羽・伏見の戦いが旧幕府軍の大敗で終了するや、徳川慶喜は海路、江戸へ逃れました。

新政府は慶喜追討令を発令。薩長土肥《さっちょうどひ》を中心とした追討軍を組織し、江戸への侵攻作戦を始動。

品川に到着した慶喜は江戸城西の丸に入ると、今後の応急処置を練ります。結果的に「徹底恭順」を選択。新人事を発表し、代表格の勝海舟《かつかいしゅう》と大久保一翁《おおくぼいちおう》に事後処理を一任。自らは江戸城を退出し、上野の寛永寺大慈院での謹慎生活に入ります。

旧幕臣の中の主戦派は、慶喜の決定に見切りをつけ、「独自路線」を選択して、江戸を離れます。また、中には将軍の護衛と称し、上野の寛永寺に結集を図る旗本もいました。

新政府東征軍は一八六八年（慶応四）三月六日、静岡駿府城で開かれた会議で「江戸城総攻撃」を三月一五日と決定します。こうした状況下、徳川家と江戸の運命を託された勝海舟が動きます。

勝海舟は江戸城「無血開城《むけつかいじょう》」に向けた諸準備を整え、三月一三・一四日、江戸高輪の薩摩藩邸で西郷隆盛との会談に臨みます。

会談において、双方の条件に隔たりはありましたが、西郷が折れる形で交渉は妥結。これにより、勝の願い通り、江戸の町は灰燼《かいじん》に帰《き》すことなく、「江戸城無血開城」は成されました。

時を同じくし、明治政府は新政府の方針である「五箇条の御誓文」を発表しました。

豆知識　上野　その二

一八六八年（慶応四）三月一三・一四日、西郷と勝との会談で、徳川慶喜の水戸謹慎と江戸城無血開城が決定し、江戸総攻撃は回避されました。

しかし、慶喜の警護を名目で結成されていた旧幕臣の彰義隊《しょうぎたい》はこの無血開城に不満を持ち、強硬派が台頭すると徳川家菩提寺の上野寛永寺に結集。上野周辺で彰義隊絡みの官軍への殺傷事件が多発。

※彰義とは「大義を彰《あきら》かにする」の意。

こうした状況を受けて同年五月一日、大総督府は上野寛永寺の彰義隊に対する掃討作戦を立案。総合指揮は長州藩大村益次郎《おおむらますじろう》がとることになります。

五月一五日、早朝新政府軍側は上野の山を包囲。午前七時頃、正門の黒門では西郷隆盛が指揮する薩摩軍、そして、正門以外の門ではその他の新政府軍が、一斉に彰義隊を攻撃、戦闘が開始されました。

当初、戦闘意識の高い彰義隊は新政府軍と互角に戦っていましたが、正午過ぎになると薩摩藩兵の猛攻もあり、しだいに劣勢に転じます。

そこに、加賀藩上屋敷（現東京大学構内）に設置してあった佐賀藩のアームストロング砲や四斤山砲《よんきんさんぽう》による砲撃が開始されます。不忍《しのばず》の池を越えて寛永寺内の各所で砲弾が炸裂しました。

正面の黒門が薩摩藩兵によって突破されると、彰義隊は崩れ、ほぼ壊滅状態に。残党は根岸方面に敗走。午後五時頃に戦闘は終結しました。

この戦いの結果、新政府軍は江戸以西を掌握。敗れた彰義隊の隊員のある者は潜伏。ある者は、榎本武揚《えのもとたけあき》の旧幕府艦隊に乗船。また、ある者は会津へと落ち延びて行きました。

上野戦争で戦場となった徳川家菩提寺の寛永寺は、建物がほとんど焼失し、上野の山は廃墟に。

寛永寺は、彰義隊をかくまったとして、境内地すべて没収。一八七三年（明治六）、土地の大部分は上野公園として庶民に開放。寺側に十分の一を返還。

豆知識　会津

「会津《あいづ》地方」は福島県の西部にあり、西を越後山脈、東を奥羽山脈に挟まれた内陸の地域です。

地名の由来は諸説ありますが、「たくさんの川が集う場所」＝「相の津」が語源という説も。

江戸時代、三代将軍徳川家光の弟保科正之《ほしなまさゆき》が出《で》羽《わ》山形より移封。会津藩二三万石を領しました。

幕末には九代藩主松平容保《かたもり》が京都守護職となり、慶喜と共に公武合体を推進、尊攘派と抗争。「禁門の変」では長州軍と抗戦しました。

薩長が主導する新政府にとり、江戸城が無血開城した今、その矛先は残る「朝敵」、会津藩・庄内藩に向けられることに。薩長は、佐幕藩の中でも、会津藩と庄内藩を特別に敵視していました。

会津藩主松平容保は早い段階で恭順の意を示していましたが、新政府側は「報復」のため、これを許さず、東北諸藩に会津藩追討を命じます。

しかし、会津藩に同情的な仙台藩・米沢藩は共に会津救済工作に動きます。一八六八年（慶応四）四月一一日、白石城に奥羽諸藩代表を集め列藩会議を開催。赦免嘆願書《しゃめんたんがんしょ》を新政府側に提出します。

ところが、奥羽《おうう》鎮撫《ちんぶ》総督《そうとく》府《ふ》下参謀《しもさんぼう》世良《せら》修蔵《しゅうぞう》（長州奇兵隊出身）は横柄な態度でこれを却下。あくまで、「会津藩取り潰し・松平容保の切腹」を要求。

これに対し、憤激した仙台藩士が世良を殺害。「新政府の処置は不当」として東北諸藩に長岡藩始め北越六藩も加わり、「奥羽越列藩同盟」を結成。新政府に反旗を翻すことに。こうして、新政府軍と列藩同盟側による戊辰戦争の火蓋は切られました。

新政府軍は「錦旗」を押し立て進撃、東北各藩を撃破します。同盟側は敗北と寝返りが続く中、孤立無援の会津藩は、一ヵ月の籠城戦を経て降伏。

戦いを有利に進めていた庄内藩も、会津藩降伏の翌日の九月二三日降伏。これにより、本州における戊辰戦争はすべて終結しました。

豆知識　箱館

函館市《はこだてし》は、北海道道南地方に位置し、人口では札幌・旭川に次ぐ北海道第三の中核都市です。

「函館（箱館）」の地名の由来は、室町時代の一四五四年（享徳三）、津軽の豪族河野政通《こうのまさみち》が宇須岸《うすけし》（アイヌ語で湾の端の意）と呼ばれていた漁村に館を構築。この館が箱に似ているところから「箱館」と呼ばれ、それが地名に（函館市ホームページ）。

一八六九年（明治二）、蝦夷が北海道となり、箱館も函館と改められましたが、その理由は不明のようです。その後も民間では双方使われました。

港としての箱館は、一八五四年（嘉永七）、日米和親条約の締結で、下田・箱館の二港が避難港として開港されます。

その後、一八五八年（安政五）、日米修好通商条約締結を契機に、横浜・長崎と共に国際貿易港として世界に門戸を開くことになりました。

そんな箱館が幕末～明治にかけての歴史で特に注目されるのが、戊辰戦争の最後の舞台となった「箱館戦争」（五稜郭《ごりょうかく》の戦い）です。

会津戦争を始めとした東北・北陸地方での戦火の舞台は蝦夷地へと展開していきました。

旧幕府軍艦頭の榎本武揚は江戸無血開城後も、旧幕府艦隊の新政府引き渡しを拒否します。

一八六八年（慶応四）八月、抗戦派の旧幕臣を乗せ江戸湾を出港。途中、仙台に立ち寄り旧幕府軍の敗残兵を収容し、新天地・蝦夷を目指します。

蝦夷地到着後、新政府側の箱館府軍を打ち破り、拠点の「五稜郭」を占拠。以後、臨時政府をつくり、明治新政府軍と「箱館戦争」を展開します。

しかし、翌一八六九年（明治二）五月一八日、力尽きて降伏しました。

これで、「鳥羽・伏見の戦い」から、一年半にも及んだ「戊辰戦争」はすべて終結しました。

※西暦一八六八年一〇月二三日から明治元年に移行。

	近世（江戸後期～幕末）の主な出来事	
江戸時代　後期	1739 年	ロシア船が初めて仙台湾・房総半島に出没
	1782 年	老中田沼意次の命で蝦夷地探検隊派遣（最上徳内）→ 北方四島まで
	1791 年	林子平の『海国兵談』を発禁処分（老中松平定信）
	1792 年	ロシア使節ラクスマンが根室に来航
	1798 年	幕府は蝦夷地探検隊派遣（近藤重蔵）→ **択捉島**「大日本恵登呂府地」標柱
	1800 年	伊能忠敬が全国測量を開始（～ 1816 年，没後『大日本沿海輿地全図』）
	1804 年	レザノフが長崎に来航 → 部下が樺太・**択捉島**を襲撃
	1808 年	幕府は樺太に探検隊派遣（間宮林蔵）→「間宮海峡」
		フェートン号事件（長崎に突然，英国軍艦侵入）
	1811 年	ゴローニン事件（国後島上陸の露国船員拿捕《だほ》）
	1837 年	モリソン号事件（**浦賀**に来航した米国商船モリソン号を日本側が砲撃）
江戸時代　幕末	1853 年	米国艦隊ペリー**浦賀**来航 → 江戸湾に「**お台場**」建設
		ロシアのプチャーチンが長崎来航
	1854 年	日米和親条約締結（老中阿部正弘）
	1856 年	米国総領事ハリスが来日・着任
		幕府内で将軍跡継問題・条約締結問題（井伊直弼×徳川斉昭）
	1858 年	日米修好通商条約締結 →「開国」（大老井伊直弼）→ 安政の大獄
	1859 年	吉田松陰《よしだしょういん》・橋本左内《はしもとさない》らを処刑 → 尊王攘夷運動の高揚
	1860 年	遣米使節団太平洋横断（咸臨丸《かんりんまる》・勝海舟）。桜田門外の変（井伊直弼暗殺）
	1861 年	ロシア軍艦対馬占領事件（ポサドニック号事件）
	1862 年	坂下門外の変（公武合体の老中安藤信正を水戸浪士が襲撃）
		薩摩藩が寺田屋事件，文久の改革，**生麦**事件を起こす
		孝明天皇の妹和宮が将軍家茂と成婚（公武合体）
		英国公使館焼き討ち（高杉晋作・伊藤博文《いとうひろぶみ》）
	1863 年	薩英戦争（生麦事件の報復 → 英国艦隊が鹿児島を襲撃，**薩摩**側は応戦）
		長州藩は**関門海峡**を通過中の米国商船を突如砲撃（仏国・蘭国船にも）
		八月十八日の政変（朝廷内の尊攘派締め出し）→『参預会議』が成立
	1864 年	天狗党の乱（**水戸**藩尊攘派が反乱），池田屋事件（京で尊攘派の取り締まり），
		禁門の変（京都に押しかけた長州藩兵×薩摩・会津藩）
		四国連合艦隊砲撃事件（前年の下関での砲撃への報復。米・英・仏・蘭）
		第一次長州征伐 → 長州藩降伏。高杉晋作が下関で挙兵（功山寺挙兵）
	1865 年	第二次長州征伐→幕府軍敗北。一四代将軍徳川家茂病死
	1866 年	薩長同盟締結。一五代将軍に徳川慶喜が就任。孝明天皇崩御
	1867 年	明治天皇即位。大政奉還。近江屋事件（坂本龍馬暗殺）。王政復古の大号令

第五章 近代

——明治時代

蝦夷地(北海道)
箱館(函館)
越後(新潟)
京都
江戸(東京)
神奈川
甲斐(山梨)
度会
(三重南部)
奈良
土佐(高知)
大坂(大阪)
長崎
田原坂(熊本市)
城山町
(鹿児島)
琉球(沖縄)

14 東京

江戸時代、江戸には将軍・幕府という政治権力、京都には天皇・朝廷という超越的権威が並立するという、二重構造の体制が取られ続けてきました。

その江戸幕府の所在地であった江戸が「東京」と名称変更される契機こそが、「明治維新」です。

近代日本の起点となった明治維新という言葉は、江戸幕府に対する倒幕運動及び、明治初期までに行われた一連の近代化改革を指します。

その改革の具体例を挙げると、改革の基本方針を示す「五箇条の御誓文《ごせいもん》」の発布。中央集権の仕組みをつくるための版籍奉還《はんせきほうかん》と廃藩置県《はいはんちけん》。日本の独立を維持するための富国強兵《ふこくきょうへい》と、そのための具体策としての学制・徴兵令・地租改正などです。

この大改革の始期・終期には諸説あるようですが、本書はペリー来航による開国から、西南戦争までと捉え執筆します。

七九四年（延暦一三）の平安遷都以来、日本の首都は一〇〇〇年以上にわたり京都（平安京）に置かれてきました。

それが明治維新に際し、江戸が「東京」と改称され、遷都というはっきりとした号令がなされないまま、事実上、首都東京が誕生しました。

では、東京はどのようにして首都になったのでしょうか。その経緯を探ると少し複雑です。

事の始まりは、明治新政府の参与大久保利通の明治天皇の大阪への行幸と「大阪遷都」の建白からです（一八六八年・明治元、一月）。

しかし、実際は大阪行幸はなされたものの、遷都は、公家や宮中の反発が強く実現しませんでした。

同年四月、江戸城の無血開城がなされると、越後出身の前島密《まえじまひそか》は大久保に「江戸遷都論」の建白書を送り、大久保もそれに賛同します。

しかし、遷都自体に京の公家や民衆は反発。政情も不安定で、新政府内も見解が不統一でした。

そんな中、京都・江戸の両方を都とする「東西両都」案が浮上し岩倉具視《いわくらともみ》に提出されます（立案は佐賀藩大木喬任《おおきたかとう》・江藤新平《えとうしんぺい》）。これは遷都はせず、京都を都としたまま、新たに江戸も都とする案です。

一八六八年（慶応四）七月一七日に、新政府は江戸を「東京」に改称。これは西の京《みやこ》＝京都に対して、東の京＝東京という解釈です。

同年九月、明治天皇が東京に行幸。一〇月一三日、江戸城に入城。名称も東京城《とうけいじょう》と改名されました。同月、元号も慶応から「明治」に改元されました。

明治天皇は同年一二月、京都へ一旦環幸《かんこう》します。

翌一八六九年（明治二）三月、天皇は再び東京に行幸。これ以降、天皇は東京で政務を司ることになり、東京城も「宮城《きゅうじょう》」に改名しました。

以降、一八七一年（明治四）までの間に、京都の各種機関は遷都という明確な号令のないまま、暫時東京に移されていきました（東京奠都《てんと》）。

このようにして、なし崩し的に事実上、首都としての「東京」が誕生することになりました。

これにより、これまでの東京は、西の京＝京都に対する東の京＝東京という解釈から、東京の「京」は日本を代表する唯一の「都」。すなわち、首都を意味することになりました。

こうして東京は、正式には「東京府」として、一八六八年（明治元）にスタート。この東京府の府庁の所在地が「東京市」となりました。

明治維新を当時の人々は「御一新」と呼んだようですが、そこにはおそらく古い秩序を一新するという気持ちが込められていたものと思われます。

その意味で、江戸が東京へ。江戸城が宮城へと生まれ変わったのも、古い秩序を一新するという意味で、明治維新を象徴する出来事でした。

その後、一九四三年（昭和一八）七月一日に、東京府と東京市が統合・廃止されて、これまでの東京府の区域が「東京都」として発足しました。

豆知識　府・県の誕生

　現在、日本の行政区画の基幹は、四七都道府県です（一都一道二府四三県）。この都道府県誕生の歴史は明治時代（明治維新）に遡ります。

　江戸時代末期まで、日本の行政区画は律令制下の国郡制が生き続けてきました（全国六六ヵ国）。これに終止符を打ったのが、明治初年の新政府による府藩県三治制《ふはんけんさんちせい》と版籍奉還《はんせきほうかん》・廃藩置県《はいはんちけん》です。

　一八六八年（明治元）、新政府は幕府から引き継いだ直轄領を、その重要度から「府」と定めました（江戸・大坂・京都・箱館・越後・神奈川・長崎・甲斐・度会《わたらい》・奈良）。翌年、東京・大坂・京都のみを「府」とし、他の七府を「県」に改称しました。

　しかし、まだこの段階での明治新政府は名目的には全国政権でしたが、実態は幕府から引き継いだ直轄領や「朝敵」藩から取り上げた領地を除けば、諸藩は健在で旧体制そのままでした。

　ここで言う「旧体制」とは、江戸時代の幕藩体制を指します。この体制下での日本は二七〇以上もの藩に分かれ、各藩は政治的にも経済的にも独立していました。

　その中で一番大きな領地を持つ徳川家が中心となり幕府を運営し、その組織の下に、藩の連合が組まれていました（わかりやすく言えば、徳川中心の「地方自治」連合組織）。

　スタートしたばかりの明治新政府に課された最大の課題は、西欧諸国から干渉されない「独立国家」の建設です。そのための中央集権国家体制づくりは絶対必要条件で、何としても藩を解体させる必要がありました。

　その第一歩の改革が「版籍奉還」でした。

　一八六九年（明治二）一月、薩長土肥四藩主が連名で版（土地）と籍（人民）を朝廷（天皇）に還納。他の藩主もこれにならいました。この段階で、藩主は改めて藩知事に任命されました。

豆知識　府・県の誕生　その二

藩解体改革の第二弾が「廃藩置県」です。

一八七一年（明治四）三月、薩長土三藩の兵約一万人を藩から離脱させ、天皇の親兵として東京に集結。同年七月、新政府は藩知事を東京に集め、藩の廃止と藩知事の罷免《ひめん》を一方的に宣言します。

この改革で、藩は県に、藩知事に代わり新たに新政府が知事や県令を派遣することになりました。

結果、全国二六一の藩が廃止され、代わりに、三府三〇二県が置かれました（廃藩置県）。これが同年末、さらに三府七二県に整理されました。

これにより新政府は全国を統治下に置き、政治・経済・軍事の権限を掌握することになり、薩長藩閥政権による「中央集権国家」が完成しました。

その後、何度も制度や範囲の変更・見直し、統廃合を実施。現在の四七都道府県となったのは、一九四七年（昭和二二）のことです。

ここで地名という視点から県名と県庁所在地名を比較した時、ある違和感を覚えます。それは、県名と県庁所在地名が一致するものが二九、一致しないものが一八あることです。なぜでしょうか。

新政府の県名決定の基本方針は、①県庁所在地の都市の名、②県庁所在地の郡の名だったようです。

ところが、維新の際の官軍側は①を、朝敵側は②を適応、といった具合に新政府はこれを使い分けたのではないかと指摘する研究者もいます。

ただし例外もあるようで、福島、山形、福井、和歌山等がその例です。

この中の福島県ですが、県庁所在地は福島市です。一見何も問題ないように思えますが、この地域の江戸時代最大の藩は断トツに会津藩です。

ところが、会津の藩名は完全に抹消。県庁も県内の中心的城下町会津若松は素通りし、田舎町福島に決定されました。通常の県名と県庁所在地名のズレ以上の意図的なものを感じさせられます。

豆知識　沖縄県

「沖縄県《おきなわけん》」は、日本で最も西にあり、八地方区分では九州地方に位置し、沖縄本島、宮古島、石垣島など多くの島々から構成されています。

江戸時代以前の沖縄は「琉球」と呼ばれた一つの国でした（第12節豆知識「琉球」一七〇頁参照）。

一六〇九年（慶長一四）、薩摩藩の侵攻以降、同藩の統治下に置かれました。しかし、中国への進貢は続け、朝貢関係を維持することで、琉球王国としての独自性を表面上は保ち続けました。

一八五三年（嘉永六）、浦賀黒船来航以前にペリーの艦隊が琉球に来航していることは、沖縄の地理戦略上の重要性をうかがわせるエピソードです。

一八六八年（明治元）、明治維新によって新政府が誕生すると、「廃藩置県」を決行（一八七一年・明治四）。それに伴い琉球は鹿児島県の管轄下に置かれることとなります。

さらに翌年、琉球国は琉球藩へ。尚泰王《しょうたいおう》を琉球藩王という地位にして、外交事務は政府が管理することになりました（清国《しんこく》への朝貢は差し止め）。

この明治政府の動きを、宗主権《そうしゅけん》を主張する清は承認しませんでした（清の承認は日清戦争後）。

これに対し明治政府は、一八七九年（明治一二）、警察・軍隊を琉球に派遣し、「沖縄県」設置を強行しました。尚泰王は首里城を明け渡し、華族として東京に居することとなりました（「琉球処分」）。ここに四五〇年間続いた琉球王朝は終焉します。

「沖縄」の呼称は八世紀の文献『唐大和上東征《とうだいわじょうとうせい》伝《でん》』に「阿児奈波」の名で登場。「沖縄」と明記された書物の初見は新井白石の『南嶋志《なんとうし》』（一七一九年）。

「沖縄」という地名の由来は、「なわ」「なは」＝漁場・場所の意味があり、「沖あいの漁場」説と、「沖にある場所」「遠い場所」説があります。

沖縄県の県庁所在地は那覇《なは》市ですが、ここでも県名とのつながり（語源）を指摘する研究者もいます。

特別編4　沖縄県の難読地名

問題　君は次にあげる沖縄の地名を、いくつ読めるかな？

①勝連平安名（うるま市）
②我如古（宜野湾）
③喜屋武（糸満市・うるま市・島尻郡南風原町）
④東風平（八重瀬町）
⑤勢理客（浦添市）
⑥沢岻（浦添市）
⑦大工廻（沖縄市）
⑧北谷（北谷町）
⑨桃原（沖縄市）
⑩為又（名護市）
⑪保栄茂（豊見城市）
⑫城辺新城（宮古島市）
⑬渡具知（読谷村）
⑭健堅（本部町）
⑮金武（国頭郡金武町）
⑯南風原（島尻郡南風原町）
⑰慶佐次（東村）
⑱平安名（うるま市）
⑲西武門（那覇市）
⑳今帰仁（国東郡今帰仁村）
㉑新城（宜野湾市）
㉒伊奈武瀬（浦添市）

〈答え〉
①かつれんへんな　②がねこ　③きゃん　④こちんだ　⑤じっちゃく　⑥たくし　⑦だくじゃく　⑧ちゃたん　⑨とうばる　⑩びいまた　⑪びん　⑫ぐすくべあらぐすく　⑬とぐち　⑭けんけん　⑮きん　⑯はえばる　⑰げさし　⑱へんな　⑲にしんじょう　⑳なきじん　㉑あらぐすく　㉒いなんせ

豆知識　北海道

『蛍の光』と言えば、スコットランドの民謡「オールド・ラング・サイン」を原曲とした日本の唱歌ですが、その四番の歌詞をご存じでしょうか。

千島の奥も沖縄も　八洲《やしま》の内の護《まも》りなり
至らん国に勲《いさお》しく　努めよ我が背　恙《つつが》無《な》く

※小学唱歌集初編（一八八一年・明治一四）掲載。

「千島列島の奥も沖縄も、日本の国土の守りだ」。国境線に近いということは、それだけ近隣諸国との軍事的緊張感をはらんだ土地であるということです。

北海道と沖縄県の歴史・地理・文化を検討する時、次の二つの共通点を配慮する必要があります。

・他国との国境に近い（北と南の「端」）
・独自の文化を持った人々の存在

現在の北海道は明治以前、「蝦夷地」「渡島《おしま》」と呼ばれていました。この地が、歴史の中で突然脚光を浴びるようになったのが江戸時代後半、欧米列強の日本接近、とりわけ露国船の出没からです。

江戸幕府が国防上、蝦夷地を重視したことは、蝦夷地への探検隊派遣や奥羽地方の藩に沿岸警備を命じたことからもわかります。

この方針は明治新政府も受け継ぎます。露国の侵攻に備えての屯田兵《とんでんへい》の創設・軍用道路の建設、港湾・鉄道の整備、鉱山開発、官営工場の建設、札幌農学校の設置、集団移住者の推進等々です。

蝦夷地が「北海道《ほっかいどう》」という名称に変えられたのは、一八六九年（明治二）八月の太政官布告によってです。それは蝦夷地には「異民族の住む地」という意味が含まれているからです。

幕末の探検家松浦武四郎《まつうらたけしろう》が北海道の「名付け親」とされています。

「道」とは「国」より広い区域を表す言葉です。北海道も当初、一一ヵ国の行政区域が設定されていたようですが、行政の効率性を考慮し北海道庁を設置。北海道全体で一つの行政区域としました。

特別編5　北海道の難読地名

その一　北海道の地名三分類

北海道は、一四の行政区（支庁）に分かれます。①石狩・空知・後志・上川・留萌・宗谷・網走・釧路・根室・十勝、②檜山、③日高・渡島・胆振がそれです。さあ、いくつの地名が読めますか？

研究者にもよりますが、北海道の地名は大きく次の三つに分類できると言われています。

① アイヌ語に由来
② 内地からの開拓・入植に際し決められた
③ その他（例　古代における故事・呼称などから）

読みは、①いしかり・そらち・しりべし・かみかわ・るもい・そうや・あばしり・くしろ・ねむろ・とかち、②ひやま、③ひだか・おしま・いぶり、いかがですか、なかなかの難読地名です。

北海道の地名の由来を見た時、分類上圧倒的に多いのが、①の「アイヌ語に由来」するものです。

北海道の市町村（一七九）の地名を、①～③の由来で分類すると、約八〇％ほどがアイヌ語を語源（①）とするそうです。では、なぜ、こんなにアイヌ語由来の地名が残されているのでしょうか。もうおわかりですね。明治以前の北海道の呼称「蝦夷地」が示すように、独自の文化を持った人々（アイヌ民族）が在住してきたからです。

北海道の地名の多くは、古くからアイヌの人々がアイヌ語の発音で呼んでいたその土地に、後から移住して来た人々（和人）が、アイヌ語に近い発音の漢字やカタカナを当てはめ、表記したからと言えます（アイヌ語に文字はありません）。

幕藩体制下で、アイヌ民族は衰退の一途をたどり続けてきました。明治新政府は北海道開拓と共にアイヌ民族に「保護政策」の手を差し伸べます。しかし、現実は少数民族に対する理解が不足し同化政策がとられたため、文化的・社会的に大きな変貌を強いられ、今日に至っているという経緯があります。

その二　支庁名のアイヌ語由来

石狩《いしかり》　石狩川に由来。アイヌ語の河川名「イシカラ・ペツ」（屈曲の多い・川）の音訳。

空知《そらち》　アイヌ語「ソー・ラップチ」（滝が・下る）の音訳。

後志《しりべし》　尻別川に由来。アイヌ語「シリ・ペツ」（山の川）の音訳。

上川《かみかわ》　アイヌ語「ペニ・ウングル・コタン」（川上の・人々の・集落）の意訳。

留萌《るもい》　アイヌ語「ルル・モ・オッ・ペツ」（潮が・静かに・流れ来る・川）の音訳。

宗谷《そうや》　アイヌ語「ショウヤ」（海獣のとまる磯の岳）または「ソーヤ」（裸岩の地）の音訳。

網走《あばしり》　アイヌ語「ア・パ・シリ」（我らが・見つけた・土地）の音訳。

釧路《くしろ》　アイヌ語「クスリ」（温泉・薬）または「クシ・ル」（越す・道）の音訳。

根室《ねむろ》　アイヌ語「ニム・オロ」（樹木の繁茂する所・流木の詰まる所）の音訳。

十勝《とかち》　アイヌ語「トカプチ」（乳房がついている処）の音訳。　※それぞれに諸説あり。

北海道「難読地名ベスト一五」の音読に挑戦！

①音威子府　②忍路　③梨野舞
④納占冠　⑤倶知安　⑥生花苗
⑦発寒　⑧野幌　⑨大楽毛
⑩納沙布　⑪濃昼　⑫長万部
⑬標茶　⑭増毛　⑮白人

〈答え〉①おといねっぷ　②おしょろ　③りやむないⅣ④しむかっぷ　⑤くっちあん　⑥おいかまない　⑦はっさむ　⑧のっぽろ　⑨おたのしけ　⑩のさっぷ　⑪ごきびる　⑫おしゃまんべ　⑬しべちゃ　⑭ましけ　⑮ちろっと

アイヌ民族がたどってきた歴史、開拓者の歴史を理解したうえで、北海道の地名を知ることは、私たちが歴史を学ぶ大切な意義の一つだと思います。

豆知識　田原坂

「田原坂《たばるざか》」は熊本県熊本市北区植木町豊岡にあり、「西南戦争」の激戦地として有名です。

地名の由来は「田が広がっている平地から台地へ上る凹道《くぼみち》になっている坂」という説があります。

初期の明治政府は薩長土肥の出身者の意向で動かされていました。その薩長のトップこそが、西郷隆盛、大久保利通、木戸孝允《きどたかよし》の三人でした。

この中で大久保と木戸は岩倉欧米使節団の一員とし、一八七一年一二月～一八七三年九月（明治四～六）欧米視察に出かけました。その間の留守政府を預かったのが西郷で、諸問題山積の中、学制・徴兵令・地租改正等の大改革を次々と推進しました。

ところが、使節団が帰国した直後の一〇月に、「征韓論」に端を発した一大政変が勃発。西郷と大久保はこの議論をめぐり真っ向から対立し、西郷は政府職を辞職。鹿児島に帰省してしまいました。

「征韓論」と言えば「排日・鎖国下の朝鮮に出兵を主張」した西郷と内治優先を唱える岩倉・木戸大久保という図式を浮かべる人も多いと思います。

ところが事はそんな単純なものではなく、西郷自身は外交重視を主張。内治優先を唱えたはずの大久保は二年後、なんと朝鮮を挑発し、武力衝突を誘発。結果、朝鮮は開国します（「江華島事件《こうかとうじけん》」）。

征韓論争の実態は、使節団組が留守組に仕掛けた主導権争いだったのでは……と筆者は考えます。

ともかく鹿児島に帰省した西郷でしたが、問題は西郷を慕う薩摩出身の政府関係者・官僚・軍人も西郷と行動を共にし、大量に離脱したことです。

その四年後の一八七七年（明治一〇）、西郷は担がれる形で「西南戦争」を起こしてしまいました。

この戦争の最大の激戦地が田原坂で、一七日間もの激闘が続き、現在も農家の壁には弾痕跡が残されています。敗れた西郷は、宮崎県延岡で軍を解散。鹿児島を目指し敗走して行きました。

豆知識　鹿児島市城山町

一八七七年（明治一〇）八月三一日、挙兵から約七ヵ月ぶりに西郷軍の残党三七二人は政府軍占領下にある鹿児島に帰還します。

政府軍側が手薄だったこともあり、西郷軍は、私学校及び鹿児島城跡と背後の「城山《しろやま》」の占拠に成功。しかし、時間の経過と共に西郷軍は城山に追い詰められ、その周りを五万の政府軍が包囲しました。

九月二四日未明、政府軍は砲撃と同時に総攻撃を開始。銃弾を受けた西郷隆盛は別府晋介《べっぷしんすけ》を呼び「晋どん、もうここでよか」と東を向いて端座。

自らも負傷していた別府晋介は、最後の力を振り絞り、「ご免なったもし」と叫び、西郷の首を斬り落としました。西郷隆盛、享年五一。

こうして西南戦争は幕を閉じました。

この戦争は日本最後の内戦で「明治維新の総仕上げ」とも言うべき役割を果たした戦争でした。

西南戦争での動員数は薩摩軍三万、政府軍六万。戦死者は薩摩軍七二七六人、政府軍六八四三人で、この両軍戦死合計数は、戊辰戦争における犠牲者数とほぼ同数。この戦争の激戦ぶりをうかがわせます。

西南戦争翌年の五月、登庁途中の大久保利通が士族の暴漢に襲撃され死亡（「紀尾井坂の変」）。死後、大久保の血染めの背広内ポケットから、西郷が大久保に宛てた最後の手紙が発見されたそうです。大久保利通、享年四九。

また長州藩の実質的指導者であった木戸孝允は、西南戦争の最中の一八七七年（明治一〇）五月に京都で病死。最期の言葉はうわ言で「西郷！　いい加減にしないか！」だったそうです。享年四五。

西郷・大久保の死＋西南戦争で薩摩閥は人材を枯渇し力を大きく減退します。逆に木戸の死はあったものの長州閥は、人材を温存し続け、最終的に権力を掌握。伊藤博文《いとうひろぶみ》・山縣有朋《やまがたありとも》らのリードの下、戦前日本の原型を形作ることになりました。

豆知識　土佐　その二

征韓論争に敗れ、西郷と共に政府を去り土佐に帰郷した板垣退助《いたがきたいすけ》が起こした運動が、自由民権運動です。板垣は武力ではなく、言論で政府に対抗しようとしたところが西郷との大きな違いです。

板垣とこの運動の関連でよく例に出されるのが、会津戦争のおり、彼が土佐藩兵を率い戦った時の話。

会津藩士である武士が戦っている一方で、多くの民衆が逃げ出してくる姿を見て、身分の差なく「心を一つに国民が参加できる政治」を板垣は考えるようになったという内容です。

もちろん板垣個人が運動に走る契機になった話としては興味深いですし、彼がこの運動の発火元であることも事実です。ただ、これよりもっと重要な視点は、彼が土佐という土壌で活躍した人物であり、この運動を支えた人物の多くが旧土佐藩士であったという点です（例　後藤象二郎）。

幕末の土佐藩は、坂本龍馬→後藤象二郎→山内容堂のラインで将軍慶喜の大政奉還を実現させました。その根本にあった政権構想こそが、龍馬や後藤象二郎が提起した『公儀政体論』です。

「上下二つの議会を設け、議員による公儀で何事も決定する」（龍馬の「船中八策《せんちゅうはっさく》」の一文）

龍馬の構想は、新政府の『五箇条の御誓文《ごかじょうのごせいもん》』の「広く会議を興《おこ》し万機公論に決すべし」の中にも明確に生かされています。その意味で自由民権運動とは『五箇条の御誓文』の精神に戻ることを政府に要求した運動と言えます。

旧土佐藩（高知県）で士族の反乱が起きなかったのは、内戦防止に奔走した龍馬の平和的思考が、旧土佐藩士の中に伝統として脈々と受け継がれ、生き続けていたからだったのではないでしょうか。

自由民権運動は一八七四年（明治七）、議会開設を政府に要求する「民撰議員設立建白書」を提出したことを契機にスタートを切ることになります。

	近代の主な出来事
	1867 年　大政奉還・王政復古の大号令。
明治時代	1868 年（明治元年）　**鳥羽・伏見**の戦い（→「戊辰戦争」の勃発） 五箇条の御誓文。江戸城無血開城（勝海舟と西郷隆盛の会談） **上野**戦争 → 彰義隊が上野寛永寺に立て籠もる → 官軍により壊滅 江戸を「**東京**」に改称。明治天皇が東京に行幸。江戸城を「東京城」に。 明治天皇は京都へ一旦還幸。旧幕府直轄領 10 ヵ所を「府」に 「奥羽越列藩同盟」を結成 → 東北・北陸各地で戦闘 → 会津戦争 1869 年　旧幕府直轄領の「府」は東京・大阪・京都のみ。他の 7 ヵ所を「県」に 「版籍奉還」→ 藩主は藩知事に。東京が正式に首都に 蝦夷地を「**北海道**」に改名 箱館戦争 … 榎本武揚ら旧幕府軍，五稜郭を占拠・籠城 → 降伏 これをもって，戊辰戦争が終結 1871 年　「廃藩置県」→ 261 の藩を廃止し，3 府 302 県へ → 3 府 72 県 藩知事の廃止 → 県令（県知事）を中央から派遣 岩倉欧米使節団の派遣（岩倉具視・木戸孝允・大久保利通） 1872 年　「学制」公布。琉球国は琉球藩へ 1873 年　「徴兵令」「地租改正」 岩倉欧米使節団帰国 → 征韓論争（西郷・板垣×岩倉・木戸・大久保） 1874 年　「民撰議院設立建白書」の提出（自由民権運動の始まり） 1875 年　江華島事件 1876 年　日朝修好条規 1877 年　「西南戦争」 1878 年　参謀本部設置（山縣有朋） 1879 年　「琉球処分」（軍・警察を琉球に派遣。琉球藩 → **沖縄**県に） 1880 年　国会期成同盟結成 → 政府に国会開設を要求 1881 年　明治一四年の政変。国会開設の詔勅。自由党結党 1889 年　大日本帝国憲法の発布（→第 11 条で「統帥権」を天皇の大権と規定） 1890 年　第一回帝国議会開会 1894 年　治外法権の撤廃。日清戦争勃発 1895 年　下関条約 → 三国干渉 1902 年　日英同盟締結 1904 年　日露戦争勃発（～ 1905 年）→ 1905 年　ポーツマス条約締結 1910 年　韓国併合 1912 年　明治天皇崩御。大正天皇即位（大正元年）

おわりに

筆者の在住する町の近隣に「乞食道」という字名の土地があります。一見すると、否定的な印象を持ちがちな地名ですが、「乞食」とは「こつじき」と読み、本来は僧侶の托鉢を意味する仏教用語です。すなわち、「乞食道《こつじきみち》」とは、僧侶が托鉢を行うために利用した道という意味に他なりません。

日本は明治以降、近代化（西洋化）の名の下、新政府の方針で「新しいものは善」「古いものは悪」という尺度で、多くの文化遺産が失われてきました。何とその傾向がいまだ続いています。端的な例が地名の改変です。一九六二年（昭和三七）施行の『住居表示法』や、近年の「平成の大合併」により、多くの歴史的地名が消滅。それに代わり、奇想天外な地名が続出しています。

「地名を軽視し、安易に改変することの背景には地名に付いての無知が潜んでいる」これは民俗学者谷川健一氏の言葉です。地名は「土地の歴史や自然環境を知る手がかり」であり、「土地に刻まれた歴史の生き証人」でもあります。本書を通し、地名と歴史の関連性、及び地名の持つ貴重な文化遺産的価値を、多少ともご理解いただけたら幸いに存じます。

本書の読者の皆さん、最後までお付き合いくださりありがとうございました。

出版を誰よりも心待ちにしていた亡き長姉に、この著書を捧げます。

令和三年五月一五日

筆　者

主な引用・参考文献及びサイト

原　始

『縄文時代の歴史』　山田康弘著　講談社現代新書
『世界史の中の日本』　田中英道著　育鵬社
『入海貝塚（復刻版）』　中山英司著　東浦町文化財保存会（東浦町教育委員会）
『東浦歴史散歩』　東浦町教育委員会
貝塚市「貝塚市について」
https://www.city.kaizuka.lg.jp/shinohoshin/machi/kaizuka.html
ＮＨＫ解説委員室「縄文人ってどんなヒト？（くらし☆解説）」二〇一九年五月二九日
http://www.nhk.or.jp/kaisetsu-blog/700/368219.html
千葉市「史跡　加曽利貝塚保存活用計画（案）」
https://www.city.chiba.jp/kyoiku/shogaigakushu/bunkazai/documents/kasori_keikaku_01-04.pdf
天理大学「弥生時代を再考する①　弥生式土器発見ゆかりの地」文学部教授桑原久男
https://www.tenri-u.ac.jp/topics/oyaken/q3tncs00001qpz6c-att/GT235-HP-page7.pdf
雑学ネタ帳「『弥生』の地名の由来」
https://zatsuneta.com/archives/001483.html

古　代

『巨大古墳の世紀』　森浩一著　岩波新書
『倭国の教主　聖徳太子』　本郷真紹著　吉川弘文館
『日本の歴史が10倍おもしろくなる2』　有田和正著　旺文社
『樋口清之博士のおもしろ雑学日本史』　樋口清之著　三笠書房
『平将門伝説』　村上春樹著　汲古書院
『1日で読める平家物語』　吉野敬介著　東京書籍
宝塚市「宝塚市まちの歴史」
http://www.city.takarazuka.hyogo.jp/kyoiku/rekishi/1026244/1001185.html
堺市「古墳大きさランキング（日本全国版）」
https://www.city.sakai.lg.jp/smph/kanko/rekishi/dkofun/ranking/zenkoku.html
飛鳥の扉「日本の巨大古墳100」
https://www.asuka-tobira.com/kofun/kofun.html
全国の古墳巡り
http://www2.odn.ne.jp/kofun/
国立民族博物館学術情報リポジトリ
https://rekihaku.repo.nii.ac.jp
大阪府立堺東高等学校「渡来人と堺のつながり」堺学講座の紹介資料　平成二七年一一月二一日
https://www.osaka-c.ed.jp/sakaihigashi/images/

subject_images/sakaigaku/hakubutsu2015.pdf
米子（西伯耆）・山陰の古代史「旧国総論（令制下の旧国）」
http://houki.yonago-kodaisi.com/F-geo-Kyuukoku-1.html
明日香村「明日香と飛鳥あすかの由来」
https://www.town.ikaruga.nara.jp/0000000343.html
斑鳩町「斑鳩町の概要」
https://asukamura.jp/kids/yomoyama_yurai.html
奈良県立橿原考古学研究所「平城遷都１３００年Q&A【平城京100の疑問】」
www.kashikoken.jp/fukyu/iseki/quiz_rist/
奈良新聞「東大寺の大仏４６５７億円―現在価格で費用を試算」二〇一〇年八月五日
https://www.nara-np.co.jp/news/20100805100218.html
斎宮歴史博物館「斎宮百話　第６話　源氏物語と天皇(2)」
https://www.bunka.pref.mie.lg.jp/saiku/hyakuwa/journal.asp?record=219
「平安京の時代」ＮＨＫ高校講座日本史　二〇一八年度
https://www.nhk.or.jp/kokokoza/library/2018/tv/nihonshi/
大阪府太子町「町のプロフィール」
https://www.town.taishi.osaka.jp/taishi_info/taishicyo_profile/1432185103801.html

中世

『源頼朝』元木泰雄著　中公新書
『図解雑学　源義経』上横手雅敬監修　ナツメ社
『地名は災害を警告する』遠藤宏之著　技術評論社
『足利尊氏』森茂暁著　角川選書
『織田信長のマネー革命』武田知弘著　ソフトバンク新書
『信長の経済戦略』大村大次郎著　秀和システム
『信長公記　上』太田牛一著　中川太古訳　新人物往来社
『東浦地名考』梶川武著　知多郡東浦町教育委員会
鎌倉市「地名由来」
https://www.city.kamakura.kanagawa.jp/kids/jh/kjh221.html
福岡市道路下水道局計画部河川計画課「福岡市の河川」
https://www.city.fukuoka.lg.jp/data/open/cnt/3/29121/1/Ribers_in_Fukuoka_CITY_R01.pdf?20200413141424

語源由来辞典「港・湊」
http://gogen-allguide.com/mi/minato.html
西陣織工業組合「西陣織の歴史」
https://nishijin.or.jp/whats-nishijin/history
和樂ｗｅｂ「奇跡の逆転劇から460年！ 織田信長はなぜ、桶狭間で今川義元を討つことができたのか」 辻明人 二〇二〇年六月七日
https://intojapanwaraku.com/culture/101738
日本事典「地名由来辞典〈東海〉」
http://www.nihonjiten.com/gogen/chimei_tokai/

近　世

『誰も知らない語源の話』 増井金典著 ベスト新書
『語源 なるほどそうだったのか』 興津要著 日本実業出版社
『日本歴史入門』 板倉聖宣著 仮説社
『鉄砲を捨てた日本人 日本に学ぶ軍縮』 ノエル・ペリン著 川勝平太訳 中公文庫
『人物叢書 徳川家光』 藤井讓二著 吉川弘文館
『日本史の中の世界一』 田中英道責任編集 育鵬社
『人物叢書 徳川慶喜』 家近良樹著 吉川弘文館
『勝海舟と西郷隆盛』 松浦玲著 岩波新書
ＰＨＰオンライン衆知「織田信長は、なぜ石山本願寺を攻め続けたのか？」 竹松公太郎 二〇一四年二月一七日
https://shuchi.php.co.jp/article/1816
歴史メディアＲｉｎｔｏ「5分でわかる安土桃山時代！ 主な出来事や主要人物、どんな時代だったかわかりやすく解説」 明石則実
https://rinto.life/131528
「大阪府」名の由来
https://folklore2017.com/kenmei/275.htm
江戸東京博物館「『江戸』の由来について」
https://crd.ndl.go.jp/reference/modules/d3ndlcrdentry/index.php?page=ref_view&id=1000013901
ＥＤＯ→ＴＯＫＹＯ「東京の地名の由来一覧」
https://edokara.tokyo/placename
名古屋の旧町名の復活を目指す有志の会「旧町名の概要と由来」
http://www.fukkatu-nagoya.com/content/summary.html
公益財団法人新宿法人会「新宿歴史よもやま話㉕ 江戸開府四百年(2)」 郷土史家鈴木貞夫
https://www.shinjuku-hojinkai.or.jp/07yomoyama/yomo25.php
地域情報ＴＯＫＹＯさんぽ「山手線・駅名の由来」
https://www.jk-tokyo.tv/zatsugaku/200/

江戸東京探訪シリーズ　江戸幕府以前の江戸　「家康の江戸の町作り」
http://www5e.biglobe.ne.jp/~komichan/tanbou/edo/edo_Pre_8.html
東京都港湾局　「『お台場』のルーツは敵の侵入を防ぐ大砲台」
https://www.kouwan.metro.tokyo.lg.jp/rinkai/rinkai_box/odaiba.html
堺市　「地名と市章の由来」
https://www.city.sakai.lg.jp/shisei/gaiyo/profile/yurai.html
小山市　「小山市のあゆみ」
https://www.city.oyama.tochigi.jp/soshiki/2/1549.html
千代田区　「町名由来版：紀尾井町」
https://www.city.chiyoda.lg.jp/koho/bunka/bunka/chome/yurai/kioi.html
水戸市　「地名の由来」
https://www.city.mito.lg.jp/mitosummary/001655/p000695.html
横浜市　「鶴見の歴史〈生麦の地名と由来〉」
https://www.city.yokohama.lg.jp/tsurumi/shokai/gaiyo/sasshi/rekishi.html
函館市　「函館市の概要」
https://www.city.hakodate.hokkaido.jp/docs/2014020600063/

近　代

『もういちど読む山川日本近代史』　鳴海靖著　山川出版社
『全「歴史教科書」を徹底検証する』　三浦朱門編著　小学館
『歴史という武器』　山内昌之著　文藝春秋
『流れをつかむ日本の歴史』　山本博文著　角川書店
『北海道の歴史』　榎本守恵著　北海道新聞社
〝慈眼寺のホームページ〟元管理人のひとりごと　「天皇の信任厚かった松平容保」
http://www7a.biglobe.ne.jp/~jigenji/katamorikou.htm
草の実堂　「東京がなぜ首都になったのか？　その理由【遷都ではなく奠都だった】」
https://kusanomido.com/study/history/japan/bakumatu/31093/
北海道　「北海道の名前について」
http://www.pref.hokkaido.lg.jp/sm/mnj/d/faq/faq02.htm
史跡夜話　全国編所々散策　「西南戦争・城山」
http://ss-yawa.sakura.ne.jp/menew/

zenkoku/shiseki/kyushu/seinanshiroyama.k/seinanshiroyama.k.html

その他

『知ってるだけで日本史が100倍面白くなる本』　歴史の謎研究会編　青春出版社
『誰かに話したくなる日本史こぼれ話200』　二木謙一著　日文新書　日本文芸社
『社会科授業に使える面白クイズ　第３集』　有田和正著　明治図書
『知っておくと得　地名のルーツ』　吉田允義著　オーエス出版
『都道府県名と国名の起源』　吉崎正松著　古今書院
『おもしろ地名・駅名歩き事典』　村石利夫著　みやび出版
『知らなかった！　都道府県名の由来』　谷川彰英著　東京書籍
『図解雑学　日本の地名』　吉田茂樹著　ナツメ社
『日本歴史地名辞典』　吉田茂樹著　新人物往来社
『市町村名語源事典』　溝手理太郎編　東京堂出版
『古代―近世「地名」来歴集』　日本地名研究所監修　アーツアンドクラフツ
地名辞典オンライン
https://chimei.jitenon.jp/
地名由来辞典
http://chimei-allguide.com/
全国町村会「地名は日本人のアイデンティティ」民俗学者谷川健一　二〇〇九年一月一二日
https://www.zck.or.jp/site/column-article/3890.html

著者紹介
高橋茂樹
1953年岩手県釜石市生まれ。
愛知大学法経学部法学科卒業。
社会科教師として地域教材を取り入れた授業実践を目指し，
定年まで公立小中学校の教壇に立つ。
定年後の再任用期間は新任者の指導に当たる。
現在は東浦町郷土資料館（うのはな館）勤務。

著書
『名言で語る「日本の歴史」授業』黎明書房
『社会・理科の個別化・個性化教育』（分担執筆）黎明書房
『新編東浦町誌』本文編（現代）（分担執筆） 東浦町教育委員会

地名《ちめい》で語《かた》る「日本《にほん》の歴史《れきし》」授業《じゅぎょう》

2021年7月10日　初版発行

著　者　高《たか》　橋《はし》　茂《しげ》　樹《き》
発行者　武　馬　久仁裕
印　刷　株式会社太洋社
製　本　株式会社太洋社

発　行　所　株式会社　黎《れい》　明《めい》　書《しょ》　房《ぼう》
〒460-0002　名古屋市中区丸の内 3-6-27　EBS ビル　☎ 052-962-3045
FAX 052-951-9065　振替・00880-1-59001
〒101-0047　東京連絡所・千代田区内神田 1-4-9　松苗ビル 4 階
☎ 03-3268-3470

落丁本・乱丁本はお取替します。　ISBN978-4-654-02353-0